El arte de dirigir

Carla Curina Cucchi – Maurizio Grassi

EL ARTE DE DIRIGIR

dve
PUBLISHING

A pesar de haber puesto el máximo cuidado en la redacción de esta obra, el autor o el editor no pueden en modo alguno responsabilizarse por las informaciones (fórmulas, recetas, técnicas, etc.) vertidas en el texto. Se aconseja, en el caso de problemas específicos —a menudo únicos— de cada lector en particular, que se consulte con una persona cualificada para obtener las informaciones más completas, más exactas y lo más actualizadas posible. EDITORIAL DE VECCHI, S. A. U.

© Editorial De Vecchi, S. A. 2018
© [2018] Confidential Concepts International Ltd., Ireland
Subsidiary company of Confidential Concepts Inc, USA
ISBN: 978-1-68325-796-7

ÍNDICE

INTRODUCCIÓN

Está a la vista de todos el estado de crisis de las organizaciones lucrativas y las que no lo son ante las rápidas transformaciones económicas y sociales. En especial, la competencia entre las empresas se está trasladando del terreno tecnológico-financiero al de las competencias, los conocimientos, la innovación y la comunicación. Cada vez más, las empresas se transforman en *knwolledge intensive* (intensidad de información y conocimiento). Las figuras profesionales y los modelos de gestión tienden a renovarse tanto en competencias como en valores. En este contexto, liderar las funciones de gestión hoy en día supone la puesta en escena de las afirmaciones/seguridades personales, sobre todo en lo que se refiere al poder. El verdadero poder del mánager se centra cada vez menos en el mando y más en la palabra, la persuasión, la comunicación. Radica en la red de contactos, en a quién se puede instar, donde el saber dirigir encuentra su sentido y su fuerza.

Ser buenos líderes significa saber interpretar el presente para crear un mundo al que los demás desean pertenecer.

Este libro es una guía práctica con consejos y sugerencias para transformar nociones abstractas de liderazgo en acciones concretas; ha sido redactado pensando en mánagers, hombres de empresa, emprendedores y profesionales, sin por ello olvidar que el tema se presta, en la práctica, a suscitar el interés y la curiosidad de aquellos que desean aplicar a la vida cotidiana técnicas, tácticas, estrategias, soluciones innovadoras.

Hemos optado por una aproximación breve y sintética a una realidad compleja, puesto que estamos de acuerdo con Oscar Wilde cuando dice: «¡Atento!, la vida es lo que te sucede mientras estás ocupado en otras cosas».

Nuestro objetivo es ayudarle a construir una visión realista sobre dónde quiere llegar y cuál es su misión en la vida y en la empresa, puesto que, como dice Séneca, «cualquier viento es favorable para quien conoce su meta». Acepte los insalvables fracasos como estimulantes obstáculos. Sepa transformar los problemas ocasionales en oportunidades.

Diferentes situaciones requieren distintas maneras de pensar, de la misma manera que cuando conducimos, cambiamos de marcha en función de los diferentes caminos. Aconsejamos leer este libro a modo de exploración: no existe la solución exacta para cualquier situación. No actúe como los esquimales de un viejo proverbio americano, dispuestos a dictar normas sobre el comportamiento de los habitantes del Congo durante la estación seca.

EL LIDERAZGO
Y LA DIRECCIÓN

¿En qué consiste el liderazgo?

Muchas pueden ser las definiciones y cualquiera puede encontrar una justificación en un sistema conceptual.

Por lo general, el liderazgo se define y se identifica con el ejercicio de la autoridad de una persona o de un grupo sobre otra u otras.

En la práctica, ser líder quiere decir ejercer influencia sobre los demás. Esta capacidad, no específica del jefe, puede poseerla cualquier persona. No obstante, el auténtico líder es aquel que dispone de ella en mayor medida. El liderazgo es particularmente importante dentro de un grupo, en lo que se refiere a la cohesión y a la capacidad para tomar decisiones; aunque también puede generar el efecto contrario: un líder puede provocar conflictos o retrasar decisiones siempre que quiera.

Para comprender totalmente el concepto de liderazgo es oportuno diferenciarlo del de gestión.

Se dice, por ejemplo, que el presidente o consejero delegado «ejercita su liderazgo» o que «no tiene suficiente capacidad de liderazgo». Estas afirmaciones se refieren al esfuerzo del presidente para orientar la empresa en una determinada dirección. En otras ocasiones, en cambio, se habla de liderazgo en calidad de aplicación de funciones de gestión, como por ejemplo proponer nuevos programas (función planificadora), reestructurar ciertos departamentos (función organizativa), proporcionar confianza a la empresa durante una crisis (función directiva) o sustituir a un responsable de la red de ventas tras resultados claramente inferiores a los objetivos (función gestora).

EL PROCESO DIRECTIVO

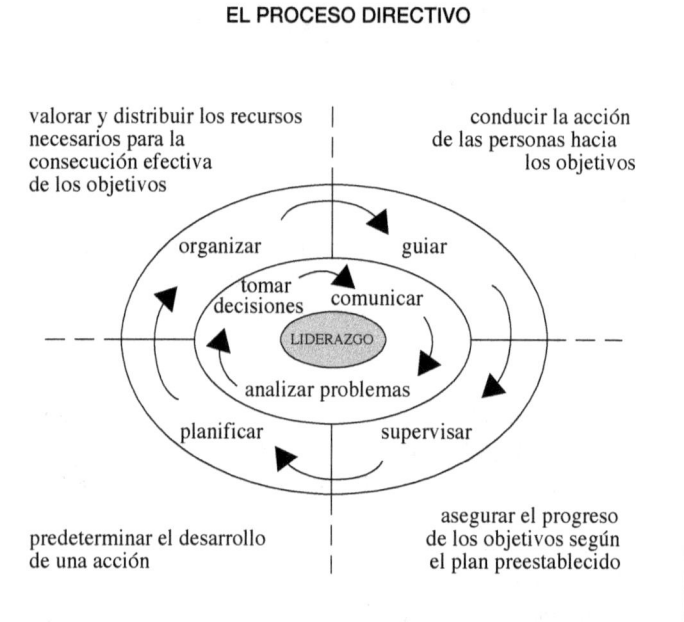

valorar y distribuir los recursos necesarios para la consecución efectiva de los objetivos

conducir la acción de las personas hacia los objetivos

organizar

guiar

tomar decisiones

comunicar

LIDERAZGO

analizar problemas

planificar

supervisar

predeterminar el desarrollo de una acción

asegurar el progreso de los objetivos según el plan preestablecido

El liderazgo, como se ha dicho anteriormente, es la capacidad de una persona, el líder, de influir en otras o en grupos para dirigirlos hacia la consecución de objetivos mediante el aprovechamiento de sus mejores habilidades.

La gestión, en cambio, consiste en la coordinación y en la introducción de herramientas —mediante la planificación, la organización, la dirección/orientación y el control—, con la finalidad de conseguir determinados objetivos. Así pues, el mánager se ocupa más de mecanismos, objetivos y competencias, mientras que el líder es, sobre todo, quien influye en el comportamiento de los demás. Parece claro que en el jefe eficaz conviven ambas cualidades.

El liderazgo es un aspecto de la gestión que, sin embargo, no puede identificarse con ella.

La tarea principal del líder es conciliar los objetivos generales de la organización con los particulares de los individuos y los de los grupos de las unidades de trabajo.

Para simplificarlo, podemos decir que el líder es aquel que hace lo justo, que persigue la eficacia, o sea, la consecución de los objetivos estratégicos: él influencia y orienta.

El mánager, en cambio, es aquel que hace bien las cosas y quien, por lo tanto, persigue la eficacia, organiza, coordina y controla. El líder desarrolla el saber del por qué hacer; el mánager, el de qué hacer.

LÍDER FORMAL Y LÍDER INFORMAL

En un equipo de trabajo o en un departamento, aquel que consigue la mayor cuota de influencia puede ser considerado como el auténtico líder.

Para clarificar en adelante el concepto es oportuno aplicar la siguiente diferenciación:

- el líder formal es la persona que ocupa la posición jerárquica superior, aquel que la organización reconoce de manera oficial como jefe. Su tarea es la de representar el poder reconocido de definir el comportamiento de otras personas. Es la autoridad, lo que no quiere decir que tal persona sea reconocida por el grupo como el verdadero líder, capaz de alcanzar las necesidades o las aspiraciones colectivas;

▨ si se diera el caso de falta de reconocimiento, debe existir un líder informal, es decir, otra persona a la que el grupo sigue. Se trata de una persona que tiene poder.

Un ejemplo era el adjunto del departamento de muchas empresas de los primeros años de la década de los setenta del siglo XX. A menudo, dicha persona suplantaba el poder del jefe de departamento nombrado por la dirección.

Cuando en la misma unidad de trabajo conviven un jefe formal y uno informal, la relación entre ambos puede ser muy diversa e ir desde el enfrentamiento hasta la alianza.

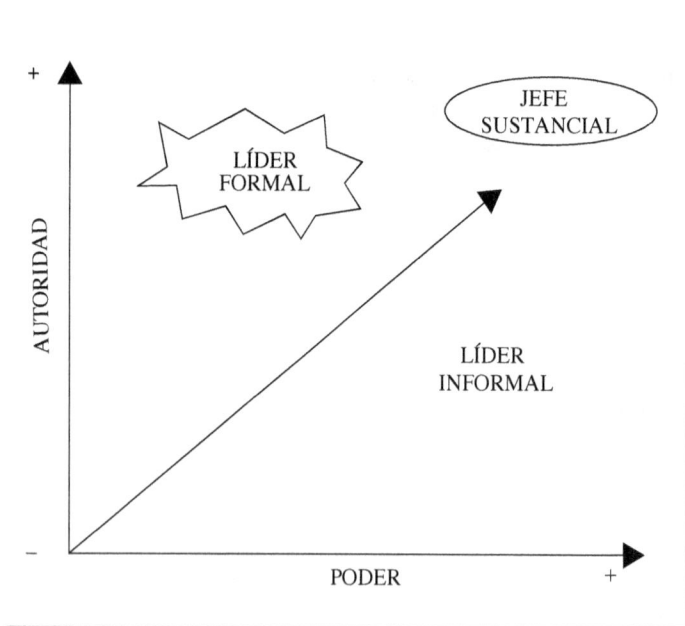

¿AUTORIDAD O PODER?
ALGUNOS DILEMAS DEL JEFE

Muy a menudo el jefe se encuentra ante el dilema de reforzar la acción de dirección imponiendo el «poder» derivado de su posición en la escala jerárquica o elevar el «poder» que se confiere a sus capacidades de influencia (véase el siguiente cuadro).

LAS FUENTES DEL PODER PERSONAL

Un líder intenta influenciar a sus colaboradores a través de varias fuentes de poder:	
Poder legítimo	Posición formal/derecho a mandar
Poder de recompensa	Estar capacitado para conseguir dinero, una carrera profesional, etcétera.
Poder coaccionador	Estar capacitado para privar de algo a los otros: dinero, posición, beneficios, etc.
Poder carismático	Atractivo personal, ejemplar; no depende del cargo
Poder experto	Conocer a los supervisores
Poder informativo	Detección de informaciones
Poder conectivo	Habilidad para establecer vínculos afectivos, de amistad con personas clave, lo cual puede suscitar entre los empleados un sentimiento de obediencia pasiva
El poder legítimo es de recompensa y depende de las reglas internas de la organización; el resto son de tipo personal	

Se puede decir que si el jefe debe obtener de los trabajadores, sobre todo, resultados eficaces en organizaciones burocráticas, podrá hacer más hincapié en el poder de la autoridad. En cambio, si se esperan mejores resultados en organizaciones en constante relación con el mercado, deberá insistir más en el poder de la influencia.

Otro dilema radica en desarrollar una mayor capacidad de liderazgo o de gestión.

El punto exacto no reside en la elección entre gestión y liderazgo, sino en conciliar situaciones aparentemente contrarias: equilibrar, mantenerse en los límites de la estabilidad burocrática y de la gestión con la ambición de desafiar al cambio, basado en la confianza de los efectos motivadores de la responsabilidad y la comunicación.

La elección de una relación respecto del otro depende del tipo de proyecto laboral que el jefe tiene que desempeñar. Si el jefe tiende a ser la única persona que conoce el proceso global y el resultado esperado, la función gestora deberá resaltar en su máxima expresión.

En cambio, en los proyectos caracterizados por cierta complejidad innovadora, el jefe desconoce el proceso global o el producto final. En este caso debe, ante todo, formar, motivar y mantener el equipo; pensemos en la implantación de un nuevo sistema de información de un gerente de empresa.

Dichos proyectos pueden suponer un cambio significativo en la manera de trabajar de la empresa o de la propia unidad de trabajo.

En tales casos, la inadecuación en lo que se refiere a liderazgo o gestión para los proyectos conlleva la sustitución de dicho «jefe central». A medida que la empresa incrementa su convicción e inversión en el proyecto, y a medida que tal proyecto o cambio es plausible, más se reafirma la anterior aseveración.

LAS CUALIDADES DEL JEFE

Un jefe se convierte en líder si aplica y aumenta sus habilidades en relación con el papel organizativo que desempeña.

Competencias técnicas	Competencias humanas	Competencias conceptuales
Capacidad de aplicación de los conocimientos, métodos y sistemas para llevar a cabo tareas específicas adquiridas a través de la experiencia y la formación.	Capacidad y sentido crítico en el trabajo con las personas: motivar, comunicar, trabajar en equipo, dar ejemplo.	Capacidad para entender las complejidades de las organizaciones en general y las del puesto que la unidad de trabajo desempeña en el esquema general; interpretar las situaciones, proyectar los futuros objetivos.

Los jefes directos deben disponer de una considerable habilidad técnica, puesto que a ellos se les piden resultados técnicos a corto plazo, además de formar a nuevos trabajadores y técnicos.

En el otro extremo, los altos cargos no tienen por qué saber cómo llevar a cabo las tareas específicas en la operativa, aunque deberían entender las interrelaciones entre todas las funciones; cuanto más se asciende en la escala jerárquica, de más competencias conceptuales tienen que disponer los jefes-directivos, además de saber delegar y planificar; deben aprender a delegar en sus subordinados las tareas que requieran competencia técnica para disponer de tiempo para la adquisición de las necesarias competencias humanas y conceptuales.

HABILIDADES NECESARIAS

Altos directivos	
Cargos intermedios	TÉCNICAS HUMANAS CONCEPTUALES
Secciones	
Supervisores	

	Dirigir (delegar)	Obrar (ejecutar)
Altos directivos	90 %	10 %
Cargos intermedios	60 %	40 %
Secciones	30 %	70 %
Supervisores	20 %	80 %

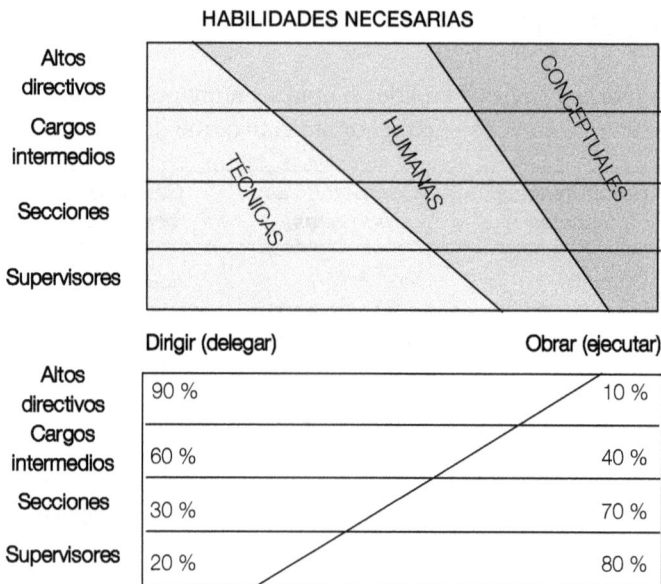

FACTORES ESENCIALES EN LOS PROYECTOS
Y EN LOS CAMBIOS ORGANIZATIVOS

	Bajo ← complejidad o innovación del proyecto → Alta	
Alto	liderazgo	liderazgo y gestión
Bajo	nivel tecnológico	gestión

cambio cultural u organizativo

complejidad o innovación del proyecto

¿EXISTE UN ESTILO IDEAL?

En la actualidad, la mayoría de los estudiosos admiten que no existe un estilo de gestión válido para cualquier momento o situación. Es necesario elegir en cada ocasión el estilo que mejor se adapta a las circunstancias (es decir, a las situaciones, a las personas, a las tareas, a la organización, etc.). ¿Estilo autoritario o democrático?

El estilo democrático es aplicable en condiciones en las que el líder no es demasiado ambiguo, confía en los trabajadores, cuenta con el apoyo de sus superiores y los empleados son competentes y tienen seguridad personal. El estilo autoritario se puede aplicar cuando el líder no sufre por decir «no», cuando da órdenes sin importarle las necesidades de los trabajadores.

El modelo de Tannenbaum es útil para describir, en cada caso, la autoridad que hay que aplicar ante la poca o absoluta libertad de decisión del trabajador. Se pasa de una situación en la que el empleado es nuevo en el trabajo y el jefe quiere mantener el control de los resultados (caso n.° 1 del cuadro de la pág. 20) a otra en la que el jefe confía plenamente en el trabajador y este dispone de gran libertad y puede actuar sin tener que informar de los resultados (caso n.° 7 del cuadro de la pág. 20).

EL LIDERAZGO SITUACIONAL

La teoría del liderazgo de Hersey y Blanchard, o sea, la teoría del ciclo vital, ha contado con un notable éxito. Dicha teoría se refiere a los modelos relativistas.

El liderazgo ocasional incide principalmente en un aspecto: el líder debe conformar su estilo en función del diagnóstico de la situación. Por ello es necesario cambiar de

MODELO DE TANNENBAUM

(democrático) ←————————————————→ (autoritario)

orientado a las relaciones ←———→ orientado a la función
(consideración de las necesidades) (estructuración de las actividades)

fuentes de autoridad

área de libertad
para los trabajadores

aplicación de la autoridad
por parte del jefe

| el líder permite que los trabajadores actúen dentro de los límites establecidos por el superior (7) | el líder expone el problema, recoge sugerencias y toma la decisión (5) | el líder presenta ideas e incita a que se pregunte (3) | el líder toma la decisión y la anuncia (1) |

el líder define los límites. Pide a los trabajadores que decidan (6)

el líder presenta la decisión propuesta, sujeta a modificaciones (4)

el líder vende la decisión (2)

estilo cuando la situación varía, favoreciendo la autonomía profesional del trabajador, es decir, su crecimiento.

Un ejemplo: «Mi relación con el jefe ha cambiado muchísimo en los dos años que llevo en este puesto», apunta Mario García, técnico de mantenimiento de una empresa. «El jefe me controlaba mucho al principio y me daba instrucciones detalladas, cerciorándose de que yo entendía correctamente lo que tenía que hacer. A medida que adquirí práctica me fue dando mayor confianza y demostró un mayor interés por mis necesidades personales. Tras un año me había demostrado que era su técnico más capacitado y acabó concediéndome libertad absoluta en el mantenimiento mecánico del trabajo: discutíamos sobre todo de relaciones personales, mientras que los aspectos técnicos se reducían más que nada a la constatación de la calidad de mi trabajo. Ahora, después de dos años, tiene plena confianza en mí.»

EL DIAGNÓSTICO DE LAS SITUACIONES

Podemos aplicar el nivel de madurez de los trabajadores en cuanto profesionales como índice «discriminatorio» de las diferentes situaciones, pero no la madurez general de las personas.
   La madurez de los trabajadores se basa en:

- la **madurez profesional**: es la competencia profesional específica, la experiencia madurada en el desarrollo de un trabajo en particular y en la consecución de un determinado objetivo; en la práctica es la experiencia en trabajos anteriores, los conocimientos profesionales, la comprensión de los requisitos profesionales para una tarea en concreto;
- la **madurez psicológica**: es la disponibilidad y la voluntad para asumir en primera persona las responsabilidades derivadas de los objetivos o tareas asignadas; en la práctica, puede considerarse como tal la implicación en el desarrollo de un trabajo, la disponibilidad para asumir responsabilidades, la motivación para conseguirlo. Si un individuo o grupo posee tanto madurez profesional como madurez psicológica, aparece una nueva dimensión de la madurez que representa, en algo, su síntesis.

Un jefe se encuentra frecuentemente con que debe gestionar el personal de una manera particular. En tal caso, convendrá intentar definir el nivel de madurez de que dispone el individuo para encarar el objetivo profesional. Hay cuatro niveles:

Madurez baja (M1): la persona no es competente ni está preparada; no está capacitada para asumir responsabilidades. Es insegura.

Madurez medio/baja (M2): la persona todavía no es competente, pero se muestra disponible y tiene voluntad para asumir responsabilidades.

Madurez medio/alta (M3): el trabajador es competente, a pesar de que todavía se muestra inseguro, no disponible por completo para asumir responsabilidades personales.

Madurez alta (M4): el trabajador ya está preparado, es competente, está disponible y se muestra seguro de sí mismo.

Esta clasificación debe verse de manera indicativa y representarse a lo largo del proceso que va de la inmadurez a la completa madurez.

LOS ESTILOS DE COMPORTAMIENTO DEL LÍDER

De manera espontánea, el líder tiende a adoptar en las relaciones con los colaboradores uno de los siguientes comportamientos:

- comportamiento directivo o de guía de la operación;
- comportamiento de relación o de apoyo psicológico.

El comportamiento directivo se basa en instrucciones de trabajo y normativas, determinación de objetivos, organización del trabajo, determinación de los plazos y seguimiento.

Dimensiones del comportamiento directivo	*Indicador del comportamiento. La medida en la que un líder...*
Establecimiento de los objetivos	Especifica los objetivos que las personas tienen que conseguir
Organización	Organiza la actividad laboral para las personas
Establecimiento de plazos	Fija los plazos para las personas
Dirección, control	Proporciona instrucciones específicas. Especifica y solicita informes de los progresos conseguidos
Dimensiones del comportamiento de relación	*Indicador del comportamiento. La medida en la que un líder...*
Proporcionar apoyo, comunicar	Apoya y motiva. Implica a las personas en discusiones tensas en el intercambio de opiniones sobre las actividades profesionales
Fomentar la interacción	Fomenta la interacción de las personas
Escuchar activamente	Solicita y escucha la opinión y las preocupaciones de las personas
Crear *feedback*	Crea un *feedback* sobre los resultados de las personas

El comportamiento de relación lo constituyen acciones enfocadas a favorecer una buena relación jefe-subordinado: interacciones frecuentes, implicación, intercambio de opiniones, interés por los problemas personales, escucha activa, comunicaciones francas y explícitas, etc., como se ilustra en el esquema anterior.

LA COHERENCIA ENTRE MADUREZ Y ESTILO

Madurez baja (M1): persona no competente y sin capacidad para asumir responsabilidades.

Probablemente este colaborador tendrá la necesidad, por encima de cualquier cosa, de recibir instrucciones precisas sobre el trabajo que debe desempeñar, de conocer las normativas y procedimientos necesarios para llevar a cabo de manera adecuada las tareas; y para él el marco de la relación tendrá —en este momento— menos importancia; pensemos en un trabajador con nuevas tareas o en un recién contratado.

Este estilo es el directivo, en el que el líder dice qué hacer, toma las decisiones en lugar de los colaboradores y planifica y organiza su trabajo; el papel de los subordinados consiste en desarrollar lo que se les comunica (véase el esquema de la pág. 26, estilo 1).

Madurez medio-baja (M2): persona no competente todavía, aunque capacitada para asumir responsabilidades; o competente, pero no motivada del todo para asumir responsabilidades debido a motivos externos.

Se trata de personas en las cuales es necesario mantener altos la tensión laboral y el desarrollo profesional; especialistas, profesionales procedentes del mundo académico que quieren evitar los desafíos, personas en las que la empresa ha dejado de invertir.

Es conveniente aumentar el apoyo y la ayuda en lo que se refiere al contenido del trabajo, estancado, y explicar el porqué de las decisiones, además de tener en cuenta las explicaciones del trabajador.

Asimismo, resulta recomendable mostrar las ventajas de la actividad y posibles gratificaciones.

Este estilo podemos definirlo como persuasivo. En él las decisiones son responsabilidad del jefe, a pesar de que tengan como objetivo la mayor implicación del trabajador mediante un comportamiento de relación cada vez más intenso.

El estilo persuasivo se caracteriza por un alto comportamiento directivo afianzado en un alto comportamiento de relación (estilo 2).

Madurez medio/alta (M3): persona competente, aunque todavía insegura en lo que respecta a la asunción de responsabilidades individuales.

El trabajador está capacitado para desempeñar de manera adecuada las tareas propias, pero, a pesar de ello, muestra alguna duda en el ámbito de la «determinación»; existe algo en el plano de la motivación que no le satisface.

Se trata de que el trabajador adquiera «autoconfianza», de proporcionarle «fe en sus capacidades», compartiendo con este el peso de la decisión final.

Muchos investigadores, profesionales laborales, informáticos, etc. se encuentran en dicha condición.

En este estilo participativo, jefe y trabajador deciden conjuntamente los criterios de calidad del trabajo, y la concentración principal del líder debe estar orientada hacia la delegación en la toma de decisiones por parte del trabajador de manera autónoma.

El estilo participativo está caracterizado por un bajo comportamiento directivo y un alto comportamiento de relación (estilo 3).

ESTILOS DE LÍDER

La campana trazada en el gráfico representa el estilo más eficaz en función de la modalidad de los trabajadores.

Madurez alta (M4): persona capaz, competente, capacitada, responsable, segura de sí misma.

En este nivel el trabajador es autónomo, está capacitado para fijar los objetivos dentro de las líneas maestras de referencia marcadas por el jefe.

Aquí, el comportamiento del líder se limita al establecimiento de las líneas maestras de referencia y a la capacidad para ofrecer su ayuda y apoyo a los trabajadores, sólo cuando se lo piden. Es un estilo que delega, en el que los niveles de interacción personales son relativamente bajos y donde el comportamiento directivo es menos importante (estilo 4).

SÍNTESIS DE LOS ESTILOS DE LIDERAZGO

LÍDER DE ESTILO DIRECTIVO

- Planifica la mayor parte del trabajo y toma casi todas las decisiones por los trabajadores.

- Espera que los trabajadores hagan lo que se les ha dicho y le informen de los problemas importantes.

- Comunica a los trabajadores objetivos simples, métodos concretos y horarios.

- Informa de una sola manera (jefe ⟶ colaborador).

- Controla de cerca para certificar los progresos de los trabajadores.

- Minimiza las interacciones a transmitir instrucciones, resolver problemas y realizar un seguimiento del trabajo.

Líder de estilo persuasivo

- Toma decisiones y establece rendimientos concretos después de haber hablado con los trabajadores y haber considerado sus indicaciones.

- Tiene a los trabajadores bien informados y les escucha: la comunicación es a dos bandas.

- Interactúa frecuentemente con los trabajadores; jefe y trabajadores llegan a relacionarse también en situaciones extralaborales.

- Dedica tiempo a comprender los problemas de los trabajadores y a ayudarles a resolverlos.

- Motiva a los trabajadores con una interacción positiva (cuando se lo merecen).

- Trata a los trabajadores con respeto, como individuos y como iguales.

Líder de estilo participativo

- Comunica las expectativas generales tanto respecto a los resultados como a los métodos.

- Motiva a los trabajadores para que estructuren su propio trabajo dentro de las líneas maestras generales y les da su apoyo para que lo lleven a cabo.

- Motiva a los trabajadores para que resuelvan sus propios problemas y les ayuda cuando lo necesitan.

- Interactúa frecuentemente con los trabajadores en una comunicación bidireccional, afrontando argumentos profesionales e incluso personales.

LÍDER DE ESTILO DELEGADOR

Únicamente proporciona a los trabajadores definiciones generales de sus tareas.

Permite que los trabajadores estructuren y definan el trabajo de manera autónoma.

Raramente interactúa con los trabajadores; tan sólo para:
— comunicar objetivos/expectativas;
— establecer controles informales;
— realizar un seguimiento de la evolución del trabajo de los empleados.

Permite que, en su ámbito, los trabajadores tomen decisiones y resuelvan los problemas de manera autónoma.

Ofrece ayuda, motivación o apoyo en dosis limitadas o a petición de los trabajadores.

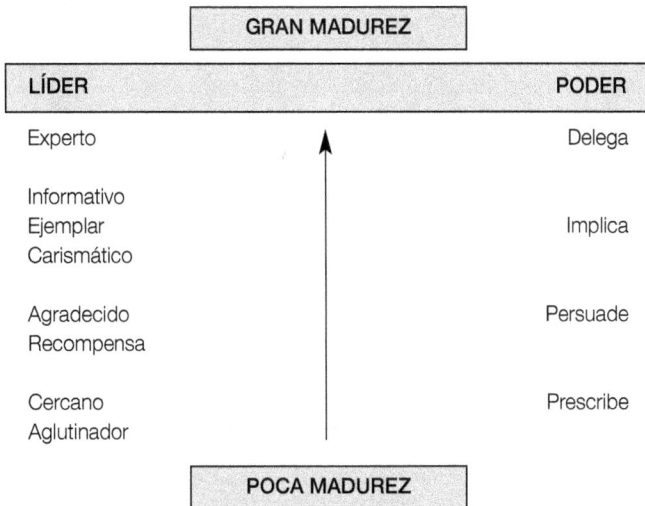

GRAN MADUREZ		
LÍDER		**PODER**
Experto		Delega
Informativo Ejemplar Carismático		Implica
Agradecido Recompensa		Persuade
Cercano Aglutinador		Prescribe
	POCA MADUREZ	

Fuentes de poder a utilizar en lo que se refiere a la madurez.

LAS PATOLOGÍAS EN LA GESTIÓN DE LOS ESTILOS

Debido al líder, los estilos pueden diluirse y degenerar en comportamientos no funcionales. «Más allá» de la síntesis expuesta en las páginas anteriores, se pueden evidenciar las delusiones de los estilos de las siguientes maneras:

- Un estilo excesivamente directivo corre el riesgo de convertirse en autoritarismo; los consejos se convierten en órdenes, la comunicación sólo sigue una dirección, las correcciones pasan a ser reprimendas amenazadoras.
- Un modo algo capcioso de persuadir se convierte fácilmente en manipulación; se modifican datos de la realidad, se exaltan virtudes insignificantes del trabajador, los objetivos secundarios se convierten en principales y se pide opinión sobre cosas ya decididas.
- Participar en todo momento y en cualquier situación es asambleario, y se convierte en el primer paso para la descarga de responsabilidades individuales («Ha sido el equipo de trabajo») y para no decidir; se implica a terceras personas y se convocan reuniones inútiles.
- El estilo delegador puede desembocar en la laxitud y el desinterés; no se alcanzan los resultados, como tampoco los criterios de seguimiento. Si el estilo del jefe no está en consonancia con la madurez de los trabajadores, la aplicación del estilo puede llegar a ser peligrosa.

El estilo directivo puede convertirse en ⟶ autoritario

El estilo persuasivo puede convertirse en ⟶ manipulador

El estilo participativo puede convertirse en ⟶ asambleario

El estilo delegador puede convertirse en ⟶ laxo

Por lo tanto, si los estilos degeneran en comportamientos no funcionales, no se consigue:

- el desarrollo profesional y la madurez y autonomía de los trabajadores;
- alcanzar los resultados establecidos.

APLICACIÓN DEL LIDERAZGO SITUACIONAL

Una de las responsabilidades del jefe debería ser favorecer el desarrollo profesional de los trabajadores a su cargo, su madurez y autonomía, de manera que él pudiera dedicarse a actividades más «estratégicas».

Un jefe sabe «dirigir» a sus trabajadores cuando adapta su estilo en función del nivel de madurez de estos, pero si, por ejemplo, aplica un estilo directivo con trabajadores de madurez M3 (véase pág. 22), provocará una especie de «involución» porque transmitirá un estilo que presiona bastante. Si, en cambio, aplica un estilo delegador frente a madurez M1 o M2, las personas se sentirán «abandonadas» e interpretarán la delegación o participación como laxitud o descarga de responsabilidades por parte del jefe. En una palabra, la adaptación del estilo —absolutamente necesaria— tiene que ser gradual en el tiempo.

Lo dicho, también resulta absolutamente válido para el desarrollo profesional del trabajador: de manera idónea, desde el momento de la contratación (M1) hasta el de la autonomía completa (M4).

Puede suceder que un trabajador con una autonomía normal retroceda a un nivel de madurez inferior por motivos personales de insatisfacción. En este caso, habrá que tratar de corregir el estilo de manera coherente, tras haber valorado atentamente la nueva situación.

LA GESTIÓN DE LAS SITUACIONES
CORRELACIÓN ENTRE ESTILOS DE LÍDER,
NIVELES DE MADUREZ Y TÉCNICAS MOTIVADORAS

Nivel de madurez			*Estilo*
I N M A D U R O ↓	M1 Bajo	No capacitado, no disponible. No capacitado, inseguro. Necesidades fisiológicas, de seguridad y factores higiénicos	S1 - Prescribir Dar instrucciones detalladas y ejercitar un estricto control
	M2 Medio/Bajo	No capacitado, disponible. No capacitado, seguro o confiado. Realizador pobre	S2 - Persuadir Exponer las decisiones y estar disponible para puntuales aclaraciones
	M3 Medio/Alto	Capacitado, inseguro. Capacitado, no disponible. Gran realizador	S3 - Implicar Hacer que las personas ofrezcan su contribución de ideas y estimular la participación en el proceso decisivo
M A D U R O	M4 Alto	Capacitado, disponible. Capacitado, seguro. Gran realizador	S4 - Delegar Transferir a los demás la responsabilidad de decidir y de las sucesivas actuaciones

ESCALA DE MADUREZ PROFESIONAL

la persona . . . . persiguiendo este objetivo

Escalas	Alta 8 M4	7	6	Intermedia 5	4	3 M2	2	Baja 1 M1
			M3					
1. Experiencias laborales previas	Tiene experiencias útiles para el trabajo				No tiene la experiencia útil			
	8	7	6	5	4	3	2	1
2. Contactos profesionales	Dispone del número de contactos laborales necesarios				No cuenta con los conocimientos laborales necesarios			
		8	7	6	5	4	3	2	1
3. Comprensión de los requisitos que se piden	Sabe perfectamente qué hay que hacer				Sabe poco qué hay que hacer			
		8	7	6	5	4	3	2	1

EL LIDERAZGO DEL JEFE

HABLAR
EN PÚBLICO

CÓMO PRESENTARSE

¿Sabía que el contenido de un discurso incide sólo en el 7 % de la eficacia de la comunicación interpersonal?

Lo analógico, es decir, cómo nos movemos, los gestos que hacemos, las expresiones de la cara cuentan un generoso 55 %. El 38 % restante depende de cómo se habla, del tono, del volumen, del timbre de voz.

¿Alguna vez ha asistido a un discurso de un técnico competente sobre un tema que le interesaba notablemente, pero no ha conseguido mantener la atención, o ha sentido que los párpados le pesaban hasta cerrar los ojos? ¿Qué ha sucedido? Muy fácil, el orador ha cometido una serie de errores que el público no le ha perdonado: ha leído rápido sus propios apuntes empleando siempre el mismo tono de voz, no se ha preocupado de hacer una introducción adecuada, ni de elegir palabras e imágenes impactantes, no ha mantenido un contacto visual con el auditorio, no ha utilizado soportes audiovisuales ni ha finalizado con una conclusión motivadora, algo así como acabar un concierto con una nota sobresaliente.

La buena comunicación existe sólo cuando el espectador/oyente desprende signos visibles de haber entendido la primera parte de la frase del orador. Si no existen tales respuestas, el orador debe tener la capacidad de cambiar la manera en que presenta su propio discurso hasta conseguir el resultado deseado, que no es leer todos sus apuntes en el tiempo que se la ha concedido, sino transmitir al público el contenido de su intervención y preocuparse en todo momento de que nadie entienda «Roma por toma».

**ASPECTOS QUE HAY QUE TENER EN CUENTA
EN UNA PRESENTACIÓN**

- Introducción
- Uso de la voz
- Selección de las palabras

- Contacto con el auditorio
- Uso de soportes audiovisuales
- Conclusión

CÓMO MOVERSE

Napoleón decía que el arte de la guerra es una ciencia en la que nada se consigue si no se ha calculado ni meditado. Esta regla también es válida para la oratoria, donde los gestos y los micromovimientos se prueban y se vuelven a practicar hasta que pasan a ser parte del comportamiento del orador.

No por ello es necesario reprimir la mímica y la gestualidad, que refuerzan la palabra, llamando la atención e implicándola en las fases destacadas del discurso. Cierta mímica y gestualidad espontáneas también ayudan a descargar el ansia y el nerviosismo de quien habla.

¿Qué hacer entonces para dar con un estilo que conjugue la espontaneidad y la técnica?

He aquí algunas reglas:

- Los gestos tienen que ser apropiados en todo momento a lo que se dice. Si, por ejemplo, habla de amistad, evite una posición de rechazo. No mantenga los brazos cruzados a la altura del pecho, ábralos como si quisiera abrazar al público. Acompañe el gesto con una expresión de la cara sonriente y cercana.

- Controle los movimientos y tics involuntarios, como tocarse las gafas o el pelo, juegue con el arte de la actuación, mueva rítmicamente una parte del cuerpo. Por ejemplo, no niegue con la cabeza dando la impresión de decir «no, no, no», o con el cuerpo creando entre el público lo que también se conoce como «efecto de mareo del mar».

- No permanezca aferrado a su sillón como si fuera un salvavidas en medio de un mar agitado. Debe moverse con desenvoltura entre los presentes para demostrar que habla «con ellos» y no «a ellos», como haría un viejo profesor con sus alumnos.

- No ceda a la tentación de ejercer el papel de padre condescendiente que explica a niños inexpertos. Establezca en seguida una relación entre iguales, entre personas adultas. Para los que comparten algún conocimiento sobre las relaciones humanas, está muy claro que la relación «padre-niño» crea antipatía, mientras que está muy aceptada la relación «adulto-adulto».

- Mientras se mueve entre el público también puede formular preguntas que no resulten demasiado directas. En lugar de un «¿Qué piensa usted de...?», es preferible «¿Cuántos de ustedes piensan que...?».

CÓMO VESTIRSE

«El hábito no hace al monje», dice un viejo proverbio. Es evidente que la ropa no transforma a un conferenciante banal en un orador brillante. No existe ropa de conferenciante, por lo que cómo vestirse, qué regla seguir, dependerá de otros factores.

Es simple, infórmese de la manera en que viste el público y adáptese.

Para los jefes de IBM, reconocidos por su respeto hacia las tradiciones, traje gris, corbata clásica pero simpática y zapatos de marca. Para los socios de un club de atletas, camisa deportiva y pantalones de algodón.

CÓMO USAR LA MIRADA

«Todo comportamiento es comunicación. No se puede no comunicar», afirma Paul Watzlawick, investigador de la Universidad de Palo Alto. Watzlawick explica que la mirada es uno de los medios de comunicación más potentes de que dispone el ser humano.

Un ejemplo claro lo constituye Eduardo de Filippo, quien, con un solo pestañeo, era capaz de comunicar las emociones más diversas.

Cuando se habla en público conviene acostumbrarse a mirar a los espectadores a los ojos. Fije su mirada en ellos durante unos segundos dando la sensación de que habla directamente con ellos. Justo después, mire a su alrededor y acuérdese de mirar a aquellos que se denominan «los huérfanos», es decir, los que se sientan cerca o a los lados de la sala.

Esté atento y no mire de forma negativa, como quien mira indiferente o quien fija su mirada en alguien sin ni siquiera verle.

CÓMO USAR LA VOZ

Recuerde que el 38 % de su éxito depende del tono, del volumen, del timbre de la voz. Escuche a los profesionales de la televisión y la radio que saben utilizar la voz con maestría e intente imitarlos. Se necesitan pocas clases de dicción para dar a la voz una impostación correcta, eliminar cadencias dialectales y acostumbrarse al uso de las pausas, que, planificadas, ayudan a crear suspense y atención.

Si estuviera preso de una crisis de pánico, su voz sería estridente y le costaría reconocerla como propia. En tal caso, debe oxigenar los pulmones inspirando de manera profunda y espirando lentamente, como si quisiera apagar una a una las velas de un gran pastel de cumpleaños.

CÓMO PREPARARSE

Richard Washburn Child, ex embajador de Estados Unidos en Italia, se hizo famoso por su habilidad oratoria. A un periodista de la Associated Press que le preguntó por el secreto de su éxito, le respondió:

«Gusto porque soy espontáneo, entusiasta. Tengo curiosidad por la vida y me apasiona tanto que no consigo ser indiferente. Tengo que explicárselo a todos».

«¿Eso es todo?», preguntó sorprendido el periodista.

«No, todavía guardo tres secretos», respondió sonriendo el embajador. «El primero, la preparación de una pauta precisa en la que uso referencias concretas a fechas, lugares, personas, hechos, y convierto en eslogan e imágenes los conceptos más difíciles, dándoles mayor énfasis a través de la voz. El segundo, busco toda la información y noticias posibles sobre el público que asistirá a mi intervención para adaptarla a su realidad laboral y vital. Por ello, pongo ejemplos y explico anécdotas curiosas y divertidas, preparadas expresamente para ellos. El tercero, no me canso nunca de probar y comprobar el texto de mi conferencia, porque estoy profundamente convencido de que uno no nace orador, sino que es un título que se consigue».

CÓMO CAPTAR ATENCIÓN-IMPLICACIÓN, ES DECIR, CONTACTO/RELACIÓN
(según Richard Washburn Child)

- Provocar emociones.

- Dramatizar.

- Emplear referencias concretas (tiempo, lugares, personas, hechos, etc.).

- Usar las pausas, el ritmo, el tono.

- Convertir en eslogan.

- Crear imágenes.

- Usar los canales.

- Emplear ejemplos, anécdotas, humor.

- Usar la mirada panorámica, la mímica o una gestualidad coherente.

CONOCER AL PÚBLICO

Cuando se planifica una intervención, conviene informarse del tipo de público que asistirá a la sala: añada a la hoja de inscripción un cuestionario para saber la edad, la situación familiar, las aficiones, las tareas llevadas a cabo en la empresa, los valores, el estilo de vida y cualquier ulterior información válida para «confeccionar» su intervención como un traje a medida.

Un día se le preguntó a Enzo Biagi: «¿Qué es lo que más le interesa a la gente?». El célebre escritor y orador respondió sin dudar un instante: «Ella misma».

CONOCER EL TEMA

Imagine un iceberg: lo que ve es el 10 % del hielo; el 90 % restante permanece escondido bajo el agua. También en el caso de un discurso, de una conferencia, sólo el 10 % de los conocimientos adquiridos sale a la luz durante el tiempo concedido. No obstante, conocer en profundidad el tema del que se habla contribuye a que nos expliquemos con mayor seguridad y para que podamos rebatir de la misma manera las preguntas más insidiosas. Recuerde que, como decía De Filippo, nunca se acaba de aprender.

Ponga especial atención a todas aquellas afirmaciones que sugieran una relación «causa-efecto», en el sentido que le puedan plantear preguntas cuyas respuestas deba anticipar. Si dice, por ejemplo, que se ha cerrado la sección de moda en uno de sus grandes almacenes, esté preparado para responder qué ha sido del personal ligado a esas ventas (efecto) y qué ha provocado el cierre de la sección (causa).

Un poco antes del día «fatídico», amplíe sus conocimientos leyendo periódicos, publicaciones especializadas, últimos estudios... Si no está al corriente de las últimas novedades puede encontrarse con problemas. Entre el público siempre hay alguien que las conoce y está preparado para ponerle en problemas.

PREPARAR UNA PAUTA

Cuando ya se conoce a fondo el tema, conviene aportar prioridades a los conocimientos propios. Es lo que hacen los periodistas cuando, antes de escribir un artículo, elaboran una pauta.

CÓMO PREPARAR LA PAUTA

1. Plasmar todas las ideas relacionadas con el tema.

2. Identificar los puntos principales y los más convincentes.

3. Ordenarlos de manera lógica.

4. Preparar el principio y el final de la relación.

5. Reducir el tema a unas notas esenciales.

6. Preparar los puntuales soportes.

CÓMO USAR EL LENGUAJE INDIRECTO

Existen diferentes técnicas para utilizar el lenguaje indirecto que permiten superar las resistencias de las mentes conocedoras y dar vigor a la intervención, haciendo el discurso más comprensible para el público.

LAS METÁFORAS

Ya en la Antigüedad las metáforas se usaban con frecuencia. Aristóteles, en la *Poética*, escribió: «La metáfora consiste en el traspaso del nombre de un objeto que es propio a otro». En efecto, se crea una metáfora cuando usamos palabras o símbolos que pertenecen al mundo de quien nos escucha y cuando, con el conocimiento lingüístico del «como si», transferimos conceptos y estructuras lingüísticas de un contexto a otro, quizás completamente diferentes. En España, casi todos los niños van a cursos de catequesis para la primera comunión; quizás usted también los haya hecho y recuerde las ricas metáforas de que dispone el Evangelio. Un ejemplo: cuando Jesús se acercó hasta un pueblo de pescadores para decirles que hicieran nuevas agrupaciones y dijo: «Sed pescadores de hombres».

Los modernos medios de comunicación también recurren a metáforas eficaces para resumir en una frase conceptos complejos.

Cabe recordar, por ejemplo, cómo tituló la CNN las noticias relativas a la Guerra del Golfo. En un primer momento el título elegido fue «Operación escudo del desierto», pero más adelante, una vez decidida la intervención militar activa, se recurrió a «Tormenta del desierto».

Para adquirir una cierta soltura con las metáforas, recoja aquellas que están presentes en el lenguaje común e intente comprender las intenciones escondidas y los valores de las personas que las utilizan.

Un directivo que dice «Mi empresa es un campo de batalla» y habla de «conseguir los objetivos cueste lo que cueste (destruir al enemigo, unir fuerzas contra el adversario)» tendrá una manera de pensar diferente de quien dice «Mi fábrica es como mi familia» y habla de «valores compartidos (experiencia de los padres, responsabilidad de los hijos)».

ANÉCDOTAS DE LO VIVIDO

No tenga miedo de dar a conocer su lado más humano contando episodios de su vida (relacionados con el encuentro) que le hayan impactado o le hayan hecho cambiar un comportamiento o una convicción arraigada. Si el objetivo es convencer, resulta mucho más productivo agitar emociones que suscitar pensamientos.

Para conseguir que su narración sea más interesante es absolutamente necesario que, durante la puesta en escena, la reviva con pasión.

Describa al público el entorno que existía en ese momento, los colores, las formas, las imágenes. Haga oír los sonidos, los timbres particulares y las entonaciones de quienes participaron en aquel episodio. No olvide los perfumes, los olores, los gustos...

De esta manera tendrá ocupados todos los canales sensoriales a través de los cuales se transmiten las experiencias de manera completa.

A continuación exponemos un ejemplo de cómo se puede transformar una pequeña frase en una experiencia vital, considerando que, como dice Aldous Huxley, «la experiencia no es aquello que te sucede, sino lo que tú haces con lo que te pasa».

El otro día vino a verme un hombre que estaba bastante enfadado porque no funcionaba el ordenador que le vendí.

El martes pasado, justo cuando había empezado a tomarme un delicioso y aromático café, la puerta de mi oficina se abrió ruidosamente. Sorprendido y un poco asustado, vi a Marcos Fernández, un buen cliente a quien había vendido un ordenador el día anterior. Tenía la cara alterada y desencajada, masticaba con rabia un gran puro cuyo olor tardó muy poco en impregnarse por toda mi oficina.

Apenas tuve tiempo para invitarle a que tomara asiento cuando Marcos me gritó en la cara: «A mí, querido vendedor de botas, no se me toma el pelo...».

En esta narración se han tenido en cuenta los siguientes factores de animación:

FACTORES DE ANIMACIÓN

Puntuación.   Mímica/gestualidad.
— pausas;
— ritmo;   Mirada.
— tono.
                                    Lenguaje.

CÓMO USAR LOS SOPORTES AUDIOVISUALES

Estos instrumentos, que pueden ser simples objetos de uso común o vídeos más sofisticados, aumentan el interés del público en un 40 % y la capacidad de comprensión en un 35 %, y reducen el tiempo necesario para el aprendizaje en un 25 %.

OBJETOS

Si no puede acondicionar la sala con medios audiovisuales, compre objetos para emplearlos como símbolos, como metáforas visuales. Tienen que ser lo bastante grandes como para que el público pueda verlos perfectamente. En las tiendas de juguetes se pueden encontrar muchas ideas. Por ejemplo, un facsímil de un gran cheque de los años cincuenta para agitarlo ante el público si habla de la inflación; una varita mágica luminosa para encontrar nuevas soluciones mediante el uso del pensamiento creativo/lateral; incluso se puede preguntar: «¿Qué nuevos productos querrían crear con la ayuda de esta varita mágica?».

PIZARRAS, LUMINOSOS, PÓSTERS

Seguramente ya los haya utilizado o visto utilizar, por lo que nos limitaremos a ofrecer unos pequeños consejos.

El día antes de la intervención, compruebe que todo está instalado en el lugar adecuado y es compatible con el resto de materiales que va a emplear.

Alterne el uso de las pizarras, en las que escribirá únicamente el título de los temas, con pósters donde, con símbolos y gráficos, explicará el contenido.

Pegue los pósters con cinta adhesiva en las paredes de manera que quien esté interesado en copiar el contenido pueda hacerlo cuando lo desee.

Cuando ilustre el contenido, esté atento y no lo tape con su cuerpo ni dé la espalda al público.

VÍDEOS

Antes de decidir si invertir parte del presupuesto en un vídeo de apoyo para la intervención, debe plantearse las siguientes preguntas:

¿El vídeo está en sintonía y es congruente con el contenido del discurso?

¿El público podrá extraer nuevos conocimientos a partir del vídeo?

¿La información que el público recibirá justifica el tiempo empleado y el coste derivado?

EL ESQUEMA OPERATIVO

Como decía Bernard Shaw: «Con el estilo adecuado se puede decir cualquier cosa. Con el estilo equivocado, nada». La única dificultad reside en encontrar el estilo. He aquí la justificación a la necesidad de elaborar un esquema operativo de la intervención teniendo en cuenta qué hacer y qué no.

INTRODUCCIÓN

Según numerosas investigaciones, en los primeros cuatro minutos, el público juzga de manera inconsciente, acepta o rechaza al orador. A partir de dicho momento es difícil hacerle cambiar de idea; al igual que si no se es suficientemente hábil durante los primeros quince minutos, su atención disminuirá hasta convertirse en casi inexistente tras cuarenta y cinco minutos.

Qué hacer. Empiece por dirigirse al público con una frase que resalte aquello que les une. Si se trata de compañeros, llámelos «estimados compañeros»; si se trata de personas que conoce bien y con las que ya se ha relacionado, diríjase a ellas con un «queridos amigos», además de recordar la última vez que se vieron.

La primera frase tiene que suscitar curiosidad e interés. Una manera de conseguirlo es plantear una pregunta que requiera una respuesta: «Levanten la mano si están de acuerdo con...» o «¿Cuántos de ustedes saben que...?».

En lo que se refiere a la postura del cuerpo, empiece de pie, afianzado sobre las piernas y con una separación de diez centímetros entre los pies; relaje los músculos de los hombros y del cuello. De esta manera dará sensación de estar relajado y ser dinámico.

Qué evitar. Intente no empezar el discurso de manera subordinada ni justificándose. Conviértase en el capitán del barco, en el único responsable de la ruta.

Evite ser sorprendido por los participantes mientras realiza los últimos preparativos, como la disposición de las sillas o de los soportes audiovisuales: dará la impresión de ser un orador desorganizado que ni siquiera tiene tiempo para dar los buenos días.

Evite toser o aclararse la garganta. Huya de los «eh», «um», «oh» u otras expresiones similares.

No empiece contando un chiste. No todo el mundo tiene el mismo sentido del humor.

Si se ocupa de temas que pueden generar controversia, como la política, el papel de la mujer o las discriminaciones raciales, también conviene que evite la más insignificante ironía: podría herir la sensibilidad de quien le escucha.

DESARROLLO

Qué hacer. Elabore un esquema operativo en el que se indiquen, en diferentes columnas, la pauta de los temas, el tiempo necesario para desarrollarlos, los ejemplos de lenguaje indirecto que se usarán, los soportes de vídeo (véase cuadro de la página siguiente).

Junto a cada tema sitúe palabras clave, símbolos gráficos, dibujos, imágenes que le recordarán lo que tiene que decir. Recuerde que el esquema operativo es un simple boceto de soporte que no hay que leer.

Si pierde el hilo argumental, no se ponga nervioso. Efectúe una pausa y tome aire: inspire profundamente y, mientras espira, admita incluso que se encuentra ante ciertas dificultades. Puede hacer broma sobre usted mismo o tenga a mano una ocurrencia como la frase de Kipling, quien preguntó al público en broma: «¿De cuál de los seis sirvientes me he olvidado?». «Tuve seis honestos sirvientes», decía Kipling, «que me enseñaron todo lo que sé. Sus nombres son Quién, Dónde, Cuándo, Cómo, Por qué y Qué».

ESQUEMA OPERATIVO

TIEMPO TOTAL

	pauta de temas	tiempo (minutos)	ejemplos	soportes
Introducción				
Desarrollo				
Conclusión				

CONCLUSIÓN

Qué hacer. Este es el momento para incitar al público a que desarrolle acciones precisas y concretas relacionadas con el tema de su debate. Si, por ejemplo, usted quiere realizar una petición, proponga un contenido, hágalo escribir, dé una copia a cada asistente y recójala ya firmada.

Qué evitar. No pierda el tiempo en largas declaraciones de intenciones. En este momento del discurso (el final) la atención ya es baja.

Recuerde un viejo proverbio chino: «Alargarse en demasía al hablar y no razonar nada es como subirse a un árbol para atrapar un pez».

EL DEBATE

«Normalmente necesito tres semanas para preparar un discurso improvisado y válido», decía Mark Twain. El debate se fundamenta en la improvisación y no es fácil conducirlo.

Qué hacer. Si es uno de sus primeros debates, pida a un asistente que recopile las preguntas, las reagrupe por temas y las ordene en función de un esquema lógico ya negociado durante la preparación del encuentro.

Si el público no plantea de inmediato sus preguntas, rompa el hielo planteando usted mismo una pregunta. La puede formular de la siguiente manera: «Antes de empezar el encuentro de esta mañana (o durante la comida de ayer), alguno de ustedes me ha preguntado...».

Controle el tiempo, un encuentro tiene que acabar en el tiempo establecido. Como dicen los franceses: «La puntualidad es la gentileza de los reyes».

Qué evitar. No se enfade si hay críticas. Haga que sean positivas repitiendo la misma frase, pero añadiéndole los argumentos que sostienen su tesis.

No ponga las manos en los bolsillos ni mantenga los brazos cruzados, porque dará sensación de inaccesibilidad. No se apoye en el atril de conferenciante ni en la pared: no son los apoyos que necesita.

Al final, puede introducir su propio sentido del humor. No tenga miedo a quedar mal. Recuerde lo que un día dijo Shaw, amante de las paradojas, a un gran amigo suyo que destacaba su propia capacidad oratoria: «He aprendido a hablar en público de la misma manera que patinar. Haciendo el ridículo continuamente hasta que, con el entrenamiento de cada día, he conseguido confiar en mis cualidades».

HABLAR EN PÚBLICO

GRUPOS DE TRABAJO
Y REUNIONES

Hay quien sostiene que las reuniones de trabajo son indispensables y quien, en cambio, dice que son una pérdida de tiempo. Las reuniones se han difundido. Muchos mánagers dedican gran parte de su tiempo a intercambiar información, analizar o tomar decisiones, no sólo junto al propio grupo de trabajo, sino con compañeros o grupos de otros sectores; hay encargados, personal *task-force*, equipos que operan a través de reuniones... Por ello, la reunión es un instrumento profesional más para diferentes grupos de trabajo.

Se ha calculado que los directivos dedican hasta el 75 % de su tiempo a reuniones formales o informales, puesto que las consideran el verdadero mecanismo de integración en el «sistema» empresarial. En una empresa el trabajo de grupo puede nacer a partir de la necesidad:

- de una integración entre diferentes funciones;
- de la unión de mayores recursos para afrontar un proyecto en un tiempo adecuado y con diferentes opiniones.

La eficacia de una reunión depende de la calidad del flujo de comunicación del grupo o del clima social, además del método para organizar y conducir la reunión. No obstante, y más allá de la reunión, es importante gestionar el desarrollo de las relaciones entre el grupo de personas y las dinámicas psicológicas de los participantes. Para desarrollar las relaciones internas del grupo, deberemos enfrentarnos a dos problemas:

1. El número de componentes de los grupos.

2. La dinámica psicológica de los grupos.

EL NÚMERO DE PARTICIPANTES

Cuando se está con muchas personas se trabaja mal. Cuando se está entre pocas se corre el riesgo de no disponer de los recursos humanos adecuados.

Si, por ejemplo, no se consigue definir en un tiempo razonable una lista precisa de participantes para una reunión, puede tratarse de una señal de que los objetivos del encuentro no están todavía claros.

$$\text{Número de canales} = \frac{N_p\,(N_p - 1)}{2}$$

donde N_p es el número de personas.

Así pues, suponiendo que cada persona se comunica con las tres restantes, entre cuatro presentes se activan seis canales de comunicación. Consecuentemente, en una hora de reunión cada canal de comunicación dispone de un tiempo teórico de diez minutos; por ello, cuanto más crezca el número de participantes, mayor será la dificultad para valorar la aportación de cada uno.

LA FÓRMULA DE THELEN

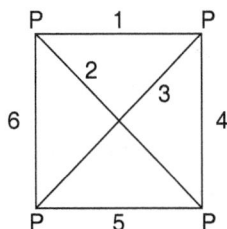

Entre 4 personas se han potenciado 6 canales de comunicación

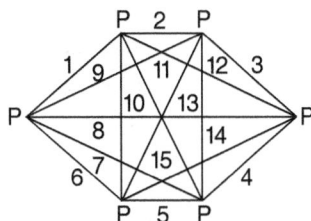

Entre 6 personas los potenciales de comunicación se convierten en 15

EFECTOS DE LA CONSISTENCIA NUMÉRICA DE LOS GRUPOS

Aspectos	Consistencia numérica del grupo		
	2-7	*8-12*	*13-16*
LIDERAZGO			
Tarea de líder	poca	media	elevada
Cantidad de directivas	poca	media	elevada
MIEMBROS			
Tolerancia e informalidad	elevadas	medias	pocas
Participación	elevada	media	poca
Predominio de algunos	poco	medio	elevado
DINÁMICAS DE GRUPO			
Formalismo	moderado	medio	elevado
Tiempo para decidir	moderado	medio	elevado
Formación de coaliciones	débil	media	fuerte

LAS FASES EVOLUTIVAS DEL GRUPO

Los grupos siguen algunas dinámicas específicas de relaciones y evolución, una especie de itinerario de tendencias:

1. La fase inicial *(born)*. En esta fase, la subjetividad de los participantes está dominada por el *problema de la seguridad*; se preguntan «¿Me aceptarán?», «¿Qué reglas de comportamiento debo seguir?», «¿Quiénes son ellos?», «¿Quién manda a quién?». Sustancialmente, se encuentran ante el problema de ser aceptados o rechazados. En esta fase pueden darse reacciones activas (intentos de robo de tiempo en las intervenciones, «zarandear» a los interlocutores con la intención de instaurar, cueste lo que cueste, un contacto físico, etc.). Por ello es necesario prestar mucha atención a la situación logística de los individuos (puestos personalizados, tarjetas de presentación de sobremesa, temperatura ambiente, etc.) y clarificar las finalidades y el método de trabajo del grupo, tal vez a través de una modalidad de presentación que no esté estereotipada.

2. La fase de identificación con el grupo *(storm)*. En esta fase será necesario *manifestar la capacidad de individualización*. Es una fase de «tormenta», puesto que la búsqueda de espacios individuales para permanecer y actuar —la salida del anonimato— conduce hacia cierta turbulencia en las relaciones; se crean simpatías, alianzas, grupúsculos, líderes informales. En este punto, al grupo se le pueden confiar tareas de elaboración que conducen hasta la confrontación de los puntos de vista, lo que sigue en sintonía con la exigencia de establecer lazos interpersonales más profundos.

3. La fase de fusión *(norm)*. Si las fases anteriores se han superado y se ha aprovechado el conflicto en sentido productivo o, lo que es lo mismo, se ha conseguido que emerja la «voluntad» de resolver los problemas, en esta fase, a los grupos se les pueden confiar actividades de valoración y decisión. Los miembros sienten la necesidad de establecer normas para cooperar de manera útil.

4. La fase productiva *(perform)*. Todos los participantes se sienten dependientes y el uso del «nosotros» es el indicio de la asunción de esta fase. Aquí, el peso del líder debe disminuir y el grupo puede proceder al desarrollo de proyectos complejos y caracterizados por un recorrido diagnosis/decisiones de acuerdo con planificaciones lógicas y temporales.

FASES DE DESARROLLO DE UN GRUPO DE TRABAJO

	Fase inicial	*Fase de identificación con el grupo*	*Fase de fusión*	*Fase de eficacia productiva*
Situación subjetiva	De inseguridad en el grupo (autoprotección)	Necesidad de relaciones (fragmentación)	Intercambio de opiniones personales (fusión)	Sentido de pertenencia al grupo
Tendencia a la integración	Necesidad de apropiarse de espacios personales	El grupo valora los recursos humanos	Gestión de los recursos y de las situaciones de conflicto	Capacidad para gestionar el poder intrínseco (soy, puedo, quiero)
Actividades posibles	Proporcionar inform. y experiencias (baja dificultad y conflictividad)	Elaboración de datos e informaciones	Valoración y decisión	Prestaciones de proyecto complejas
1 ——————— EVOLUCIÓN DEL TIEMPO ——————————➤				
El grupo está centrado en sus relaciones			El grupo está centrado en los resultados	

CÓMO ORGANIZAR UNA REUNIÓN

Cuando se piensa en organizar una reunión hay dos cosas que definir:

▨ el tipo de reunión;
▨ el objetivo de la reunión.

La reunión es útil cuando emplea todos los recursos de los participantes y no existen otras maneras de obtener el mismo resultado. La determinación de las tipologías permite valorar la utilidad o no de la reunión, más allá de los factores para gestionar las características del tipo de reunión. En efecto, existen reuniones de tipo informativo o «para asegurarse» en las que

TIPO DE REUNIÓN	OBJETIVOS
Informativa	Presentar datos preliminares Plantear situaciones Explicar políticas empresariales Ofrecer disponibilidad Difundir conocimientos Facilitar la homogeneidad de la manera de trabajar
Consultiva	Recoger pareceres Valorar aspectos globales Aclarar competencias específicas Elaborar alternativas Preparar decisiones
Decisiva	Aprobar un consejo Elegir entre varias propuestas Definir planes de acción Establecer responsabilidades Iniciar nuevos proyectos

no es «importante» la aportación de los participantes: las informaciones podrían transmitirse directamente o mediante comunicados escritos. Se organiza la reunión para dar una «apariencia» de implicación, pero en realidad se viven como manipuladoras o frustrantes. La definición del objetivo permite convocar a las personas necesarias y que los participantes puedan compartir la dirección de los trabajos.

CUATRO TIPOS DE REUNIONES Y POSIBLES FACTORES QUE GESTIONAR

Factores que gestionar	Reuniones informativas o de análisis	Reuniones de diagnosis y decisión	Reuniones para la gestión operativa	Reuniones creativas
Los objetivos	Entender y hacer que se entienda	Decidir, hacer que se haga	Realizar y consultar	Inventar y proponer
El papel del líder	Coordinador	Autoridad	Negociador	Animador
Reglas que cumplir	Cómo tratar las informaciones	Cómo tomar las decisiones	Cómo asignar el trabajo	Cómo generar ideas y seleccionarlas
La actitud ganadora	Ser transparente y analítico	Enfrentarse a los problemas	Ser pragmático	Ser innovador
La relación con la estructura jerárquica	Intercambio de informaciones	Delega (recibe y da)	Implicación en el campo de la acción	Protección (de sí mismo) y provocación (de los otros)
El factor crítico	La cantidad de las informaciones	La cualidad para crear consenso	La calidad de los recursos (internos y externos)	El patrocinador (o el enemigo)

La reunión es útil cuando hace uso de todos los recursos de los participantes y no existen otras maneras de obtener el mismo resultado.

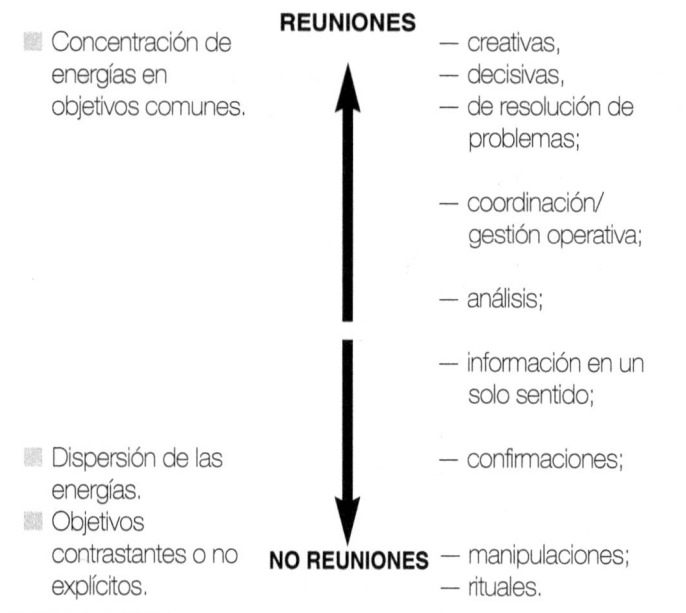

REUNIONES

- Concentración de energías en objetivos comunes.

— creativas,
— decisivas,
— de resolución de problemas;

— coordinación/ gestión operativa;

— análisis;

— información en un solo sentido;

- Dispersión de las energías.

— confirmaciones;

- Objetivos contrastantes o no explícitos.

NO REUNIONES — manipulaciones;
— rituales.

ANTES, DURANTE Y DESPUÉS DE UNA REUNIÓN

Veamos ahora cuáles son los aspectos que hay que considerar en las diferentes fases de una reunión.

- **Antes de la reunión (preparación):**
  — estudiar al sujeto;
  — reunir la documentación;
  — consultar a las personas interesadas en el problema;
  — preparar la reunión;

— elegir a los participantes e informarles;
— pedirles que reúnan los hechos;
— determinar el orden del día;
— establecer el objetivo, la duración total, las prioridades;
— prever las cuestiones materiales;
— sala, horario, convocatoria, medios audiovisuales.

Durante la reunión (desarrollo):
— asegurarse de que los participantes están cómodos y motivarlos;
— exponer el tema y verificar el consenso respecto a los objetivos;
— reunir los hechos conocidos por los participantes;
— repartir el tiempo para los diferentes temas;
— nombrar un secretario que haga respetar los tiempos y prepare el acta;
— concluir, dividir las responsabilidades, fijar plazos de ejecución.

Después de la reunión (comprobación):
— establecer el acuerdo de la reunión y, en el acta, los resultados (quién llevará a cabo un cometido en especial, cuándo, con qué recursos, fijar el calendario de nuevos encuentros);
— cerciorarse de la ejecución;
— informar a los participantes de los resultados conseguidos.

LA PROYECCIÓN DE LA REUNIÓN

Está comprobado que la gestión del tiempo es un aspecto fundamental para el éxito de una reunión. Este aspecto hay que considerarlo ya en la fase de preparación. El organizador de la reunión tiene que pensar que la fase preparatoria es más compleja que el desarrollo. La preparación de la reunión debe tener una configuración de proyecto en términos de tiempo aplicado.

Además, en el proyecto es necesario considerar el principio de Pareto: «El 80 % de los resultados cae a partir del 20 % del tiempo empleado». Por lo tanto, no se deberá poner demasiada carne en el asador (temas) y los objetivos deberán ser claros y limitados.

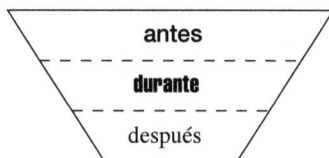

EL PRINCIPIO DE PARETO

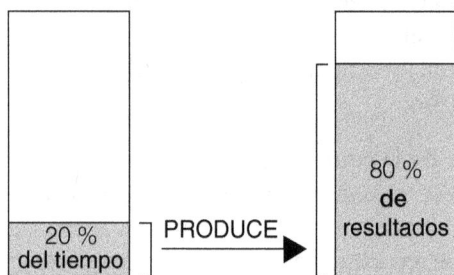

20 % del tiempo — PRODUCE → 80 % de resultados

Hay dos reglas a tener en cuenta:

- dedicar más tiempo a la preparación de la reunión que a su desarrollo;
- considerar que menos del 50 % del desarrollo es útil para los resultados, y que dicho valor disminuye cuanto más decisiva o creativa sea la reunión, es decir, con una alta implicación de los participantes.

ASPECTOS PSICOLÓGICOS
DEL PAPEL DEL RESPONSABLE

Para animar una reunión conviene seguir las fases indicadas en las páginas 58 y 59.

Con el objetivo de obtener la máxima eficacia hay que conseguir que todos los miembros del grupo participen. Con ello no sólo se entiende la obtención de su colaboración, sino también conseguir que el problema estudiado se convierta en su problema y se sientan implicados en la acción.

Todos deben sentirse responsables del resultado de la operación, y no únicamente el organizador o el animador.

El grupo, en cuanto formado por miembros, tiene ciertas necesidades que el animador debe considerar para despertar su atención y participación.

Necesidad de seguridad: los participantes no deben sentirse agredidos personalmente y deben tener el derecho a exponer sus propias ideas.

Necesidad de consideración: ver y formar parte de las opiniones expresadas, además de sentirse considerados por parte del resto de participantes y del animador.

Necesidad de participación: participar en un trabajo útil y contribuir con su grano de arena a la obra común.

Cuando tales deseos se ven frustrados, provocan una reacción negativa en los participantes, que no pueden colaborar plenamente, ya que están preocupados por satisfacer sus propios sueños. En lugar de ocuparse del tema en cuestión, se preocupan por ellos mismos.

Queda bajo la responsabilidad del animador esforzarse para tener en cuenta los anhelos de cada participante y satisfacerlos. El animador de la reunión colma dichos anhelos psicológicos de seguridad y participación mediante el respeto de las diferentes fases de la reunión, expuestas en párrafos anteriores, adoptando desde el principio un comportamiento que favorezca la comunicación en el interior del grupo.

COMPORTAMIENTOS QUE INFLUYEN EN EL DESARROLLO DE LA REUNIÓN

Funcionales	*No funcionales*
░ Tener en cuenta, en todo momento, los objetivos y evitar lar desviaciones.	░ Generalizar, perseguir el propio objetivo, tender a actuar de manera individual aplicando únicamente recursos personales.
░ Respetar las estructuras de trabajo preestablecidas para el funcionamiento del grupo.	░ Evadir las reglas preestablecidas, trabajar sin método.
░ Promover la creatividad dando y aceptando propuestas, ideas, opiniones, etc.	░ Aislarse, ausentarse, actuar como un simple espectador.
░ Intervenir de manera clara y sintética, solicitando comentarios que eviten malentendidos.	░ Hacer intervenciones ambiguas.
░ Resumir, integrar y finalizar las diferentes aportaciones.	░ Dispersar las aportaciones, el tiempo, las energías.
░ Buscar los motivos de disfunciones puntuales.	░ Buscar al culpable, al cabeza de turco.
░ Trabajar todos juntos o en grupos estructurados.	░ Trabajar en grupos buscando alianzas.
░ Comprobar los progresos conseguidos.	

COMPORTAMIENTOS QUE INFLUYEN
EN EL CLIMA SOCIAL DE LA REUNIÓN

Funcionales	*No funcionales*
Favorecer la participación de todos, motivando para que todos contribuyan. Escuchar atentamente. Facilitar la expresión de sentimientos, desdramatizar, facilitar que todos se sientan a gusto. Provocar la aparición de ciertos conflictos y tratarlos de manera constructiva.	Intentar captar la atención, levantar la voz, interrumpir, impedir que se disienta. Escucharse sólo a uno mismo. Acentuar/enfatizar los elementos divergentes. Quitar valor a las aportaciones del resto, ironizar, actuar de manera destructiva, irritante, victimista. Incentivar el desacuerdo, poner piedras en el camino.

ANTES DE LA REUNIÓN

Definir:
— tipo de reunión;   — horario < inicio; final;
— objetivos;
— programa de trabajo;
— lugar;   — participantes < función, mandato; número.
— fecha;

(Sólo las reuniones informativas consiguen alcanzar resultados posibles, incluso con el elevado número de participantes).

Efectuar las convocatorias y la recepción.
Distribuir anticipadamente documentos o materiales.
Preparar la sala y los soportes audiovisuales y en papel.

DURANTE LA REUNIÓN

Comprobar con antelación qué se tenía que hacer.

Asignar tareas necesarias (presidente, secretario, conductor, moderador, coordinador, moderador, etc.).

Aclarar criterios de gestión de la autoridad, del poder.

Definir:
— esquema de trabajo (por ejemplo, rueda de intervenciones);
— tiempo disponible;
— modalidad de comunicación;
— métodos para el análisis y la resolución de problemas (puntos fuertes y débiles de las hipótesis de resolución);
— procedimientos para decidir.

Poner de manifiesto las conclusiones alcanzadas.

Predefinir posibles planes de acción (responsabilidades, actividades, plazos).

Preparar el acta con el acuerdo de todos los presentes.

BREVE VADEMÉCUM PARA EL ORGANIZADOR DE LA REUNIÓN

¿Es realmente necesaria la reunión? Lo es cuanto mayores tareas/personas dispongan de recursos críticos (informaciones, competencias, responsabilidades) y sean capaces de alcanzar un resultado/objetivo organizativo. Pero resulta inútil si se pueden emplear instrumentos de gestión más ágiles o económicos (delegación, *newsletters,* memorias, teleconferencia, llamadas telefónicas, acceso al sistema informático, etcétera).

¿Se ha definido con claridad el objetivo (específico)? Por ejemplo, «*informar* al departamento sobre los cambios en la política retributiva», «*consultar* a los departamentos sobre los pros y contras del plan de revisión del sistema de...», «*decidir* sobre los criterios de selección de personal». El objetivo no debe confundirse con el contenido. Con unos mismos contenidos pueden perseguirse diferentes objetivos.

¿Se ha definido la naturaleza o el tipo de reunión? Conviene preguntarse quién está en posesión de los recursos necesarios (informaciones, competencias...) y quién o quiénes son los actores responsables del problema. Es preferible que la reunión sea de una única modalidad u ocasionalmente informativa-consultiva o consultiva-decisiva.

¿Se ha definido el orden del día con los temas o contenidos (de qué se habla) que hay que tratar? De la misma manera, hay que definir la fecha, el lugar y el tiempo dedicados para cada ítem de la agenda.

Agenda líder:
ítem (unidades programáticas) de una reunión decisiva

Apertura de la reunión (objetivos, motivos de convocatoria, contexto general, organización de la reunión o esquema de trabajo propuesto).

Problemas a discutir.

Soluciones propuestas.

Decisiones.

Desarrollo del plan de acción.

Asignación de las tareas.

Sistema de control y verificación.

Síntesis y posibles futuras convocatorias de la reunión. Es necesario valorar los puntos clave de la agenda y prever un espacio temporal adecuado para su desarrollo.

¿Se ha seleccionado a los participantes a partir del criterio organizativo de responsabilidad y de valoración de los recursos críticos necesarios para la consecución del objetivo (específico) de la reunión? Para ello es muy útil visionar la estructura jerárquica y detectar a los participantes necesarios. Conviene evitar reuniones con menos de cuatro personas o más de quince, puesto que, por lo general, las últimas son pesadas o caóticas y las primeras pueden despacharse con las habituales charlas de trabajo. Hay que disponer de motivos plausibles para no incluir a aquellas personas que cuentan con recursos o capacidad crítica.

Quien dispone de obligaciones organizativas o de secretaría tiene que comprobar la logística y los materiales necesarios. Resulta útil prepararse un resumen (o acta) de la reunión, donde debería indicarse:

— fecha, lugar, tiempo de la reunión;
— nombre del conductor de la reunión y de los presentes (excepto para las reuniones con un alto número de participantes);
— soluciones aprobadas o rechazadas;
— puntos de la reunión que han quedado sin tratar;
— firma del conductor que valida el resumen.

MÓDULO PARA LA ORGANIZACIÓN DE LA REUNIÓN

Tema	Reunión convocada por	Fecha	Hora	Lugar	Página
	Objetivos	Cargos convocados		Participantes	
Decisiones adoptadas		Acciones a llevar a cabo		Plazo	Responsable

En el resumen es útil seguir el mismo orden que en la agenda y, si procede, enviarlo a los participantes. Si es necesario un resumen analítico de la reunión conviene seguir el esquema de trabajo previsto para la misma.

Dos o tres días antes de la reunión es aconsejable contactar con cada participante para asegurarse de que todos han recibido la documentación, si la hubiera, y de que no han olvidado la cita.

Es conveniente preparar un boceto introductorio para la reunión donde se pongan de manifiesto, una vez más, los objetivos, la duración de los trabajos, el esquema de trabajo, las funciones, etc., teniendo en cuenta las sugerencias o los comentarios recibidos por los participantes durante la preparación.

La introducción es un ítem temporalizado de la reunión.

EQUIPO DE TRABAJO

LA NEGOCIACIÓN

NEGOCIAR SIGNIFICA TEJER UNA TRAMA, NO TRAMAR

Cuando surge la necesidad de negociar es porque existen diferentes puntos de vista, convicciones, prioridades... Ambas partes defienden objetivos diferentes, a veces contrapuestos. A menudo, ambas están convencidas, de buena fe, de tener razón. Si fuera posible utilizarían la fuerza de las armas, de la prepotencia o de la prevaricación, puesto que están convencidas de que una vez aceptado su punto de vista por la otra parte, «todo se resolvería mejor». No obstante, el «dictador» no triunfa en un modelo de gestión que, al contrario, premia la búsqueda pacífica del consenso.

- Negociar es tejer una trama, no «tramar».

- Negociar es vencer de manera conjunta y no un «yo gano» y «tú pierdes».

▓ Negociar es trazar un camino común, adaptado a los deseos de ambas partes, y renunciar a tomar ventaja a costa de la otra parte y de los estímulos psicológicos que se reciben cuando se satisfacen los deseos de omnipotencia.

▓ Negociar es un proceso entre dos personas o grupos de personas, por lo que está sujeto a todos los caprichos y a todas las incoherencias típicas de la condición humana: el buen negociador intenta, antes que nada, comprender de manera profunda a la otra parte. Sabe que la negociación es, ante todo, un proceso de comunicación que consiste en alcanzar metas compartidas a pesar de partir de posiciones divergentes.

Los negociadores exitosos son flexibles. Cambian de estrategia cuando perciben *feedbacks* negativos. Se orientan a resultados sin anclarse demasiado en teorías preconcebidas muy alejadas del punto de vista de la otra parte. Consiguen hablar, moverse y pensar como su interlocutor.

A pesar de ello, mantienen el control de la situación aunque, a veces, actúen en zigzag como los expertos regatistas de vela cuando el viento sopla lateral.

**LOS ACTORES NEGOCIANTES
SON INTERDEPENDIENTES**

área de imposición   área de negociación   área de indiferencia

Los actores de la negociación son interdependientes entre ellos. Cada parte necesita a la otra para resolver un problema, para captar una oportunidad, para enfrentarse a una amenaza.

Para que el campo de la negociación vaya más allá de la imposición o la indiferencia, es necesario aprender técnicas precisas, que pueden parecer originales a pesar de que hace muchos años que las usan los negociadores más expertos y se enseñan en universidades de Estados Unidos. Entre tales técnicas se encuentra la «especularización», basada en el conocimiento de lo analógico, o sea, la comunicación no verbal para conseguir la empatía de la otra parte. Además, la aplicación de un «lenguaje de precisión» permite entender lo que la otra parte quiere decir realmente y evita muchos malentendidos que bloquean la negociación.

REFLEJARSE PARA COMUNICAR

Cuando uno se relaciona con otra persona puede escoger entre concentrarse en las diferencias o enfatizar los puntos en común de ambas partes. Numerosos estudios han demostrado que cuando se dan tales casos, se establece una tendencia natural de reflejo de los comportamientos, como el modo de moverse o de hablar del otro, sin ser consciente de ello. En la negociación es bueno aprender a hacerlo de manera consciente. Dicha operación recibe el nombre de *calibración*. El segundo punto, la *especularización*, tiene que ver con lo que se ha aprendido hasta el momento.

Calibrar significa observar la fisiología (el comportamiento) de los otros y su manera de usar la voz. Se necesita mucho espíritu de observación y entrenamiento.

He aquí una lista, por fuerza incompleta, de aquello que conviene ejercitar para calibrar y después especularizar.

- La posición del cuerpo: erecto, curvado, balanceante.

- Las piernas: juntas, cruzadas, separadas.

- Los brazos: abiertos, cruzados, caídos.

- Las manos: abiertas y con las palmas hacia arriba o hacia abajo, entrelazadas, o con los puños cerrados.

- Los dedos de las manos (que a menudo se mueven de manera instintiva): picando, tamborileando sobre la mesa, etc.

- Los hombros: hacia adelante, hacia atrás, asimétricos, relajados, tensos.

- La cabeza: alzada, inclinada hacia adelante, girada hacia un lado.

- Las expresiones faciales (con especial atención a posibles tics): movimientos de boca, mandíbulas, ojos.

- El color de la cara: sonrojamientos o empalidecimientos imprevistos muestran, antes que las palabras, las emociones o los sentimientos.

- La respiración: torácica, fuerte, suave. Compruebe también el ritmo de la respiración. Los cambios puntuales indican cambios de los estados internos.

- La voz: ritmo rápido o lento, timbre alto o bajo, tono agudo o grave.

Tras haber aprendido a observar todos estos aspectos (se necesita tiempo y paciencia), empiece a reflejarlos, es decir, a reproducir la fisiología de su interlocutor, a hablar con su tipo de voz y mímica facial.

Naturalmente, debe hacerlo de manera elegante y discreta para no parecer un mono. Por ejemplo, si mueve rítmicamente un pie como si marcara el tempo, puede repetirlo con la mano. En los negocios es importante reflejar el ritmo y el tono de la voz. Intente hablar con un ritmo veloz y un timbre alto a una persona que habla lentamente y en voz baja. Rápidamente comprobará que su interlocutor se distrae y pierde el ritmo de la conversación. Si, en cambio, lo refleja, esto no pasará, sino que creará un vínculo y facilitará la comprensión. En su inconsciente, el interlocutor pensará: «¡Es como yo!, me siento cómodo»; y cuando esto sucede, se establece un fuerte lazo. Pruébelo, ejercítelo y se dará cuenta de que las relaciones son más fáciles, incluso en los momentos de mayor conflicto.

Reflejar a otro no significa renunciar a la propia identidad, a pesar de que se entre en su mundo para entenderlo mejor y no para manipularlo.

EL MAPA NO ES EL TERRITORIO

Cuántas veces le ha pasado el no poder responder a la pregunta «¿Entiende lo que intento decirle?», porque ha pensado que se trataba de una pregunta retórica que no debía de tener en cuenta, de una curiosa manera de mantener el discurso a la que no dar importancia. No obstante, cuando se trata de negociar resulta útil emplear un lenguaje común para no perder el tiempo en malentendidos improductivos.

Muchos negociadores no saben escuchar, responden según sus ideas y no se plantean entender o preguntar. Cuando se realizan grabaciones se evidencia de manera clara la obstinación de los participantes para concentrarse en su punto de vista ignorando los motivos del resto. La paradoja es que a veces se discute acaloradamente y sobre posiciones iniciales que, examinadas más atentamente, se rebelan similares. Cuando hablamos con los demás a menudo damos por hecho un gran número de cosas. A veces, también damos por descontado que nuestro interlocutor tiene nuestra misma visión del mundo e interpreta los hechos de la misma manera que nosotros. En realidad, cada individuo conforma su propia visión del mundo a través de las experiencias personales y subjetivas con las que construye un mapa que usa para orientarse. Naturalmente, como bien sabemos, los mapas no son los territorios, sino las representaciones de estos. El buen negociador tiene que intentar descubrir el mapa de la parte opuesta para proponer las soluciones más adecuadas.

Hay muchos trabajos que ayudan a entender de qué manera cada uno de nosotros construye su propio mapa subjetivo, cómo elabora las informaciones procedentes de la realidad que le rodea, diferente para cada individuo. Maestro de tales representaciones fue Luigi Pirandello. Aconsejamos ir al teatro a ver una de sus obras si se tiene la posibilidad.

Los lingüistas transformacionales, mediante sus investigaciones sobre el lenguaje humano, han descubierto que recibimos y reformulamos la realidad a través de tres filtros universales que, sintetizados al máximo, se pueden definir como filtros de la generalización, supresión y distorsión. He aquí por qué comportamientos que parecían absurdos y originales cobran sentido si sabemos cómo elabora la otra parte las informaciones que recibe con la intención de construir su propio modelo del mundo.

GENERALIZACIONES

En la práctica, quien tiende a generalizar es una persona que, partiendo de un elemento aislado, formula una regla general.

En las negociaciones es aquel que simplifica y considera una pérdida de tiempo entretenerse en menudencias.

Quien generaliza tiende a usar:

— cuantificadores universales como «nadie, todos, nunca»;
— operadores modales de posibilidad, o sea, «puedo» o «no puedo»;
— operadores modales de necesidad, como «tengo que, es necesario».

Para «instar» a la persona a que se explique mejor se pueden plantear algunas preguntas específicas. He aquí algunos ejemplos:

«Nadie entiende mi punto de vista». Parece claro que tras esta afirmación reside una gran generalización: para disponer de más información y entender al interlocutor será necesario preguntar «¿Absolutamente nadie?, ¿jamás le ha pasado que alguien haya entendido lo que quería decir?, ¿cómo sabe que nadie entiende su punto de vista?».

«No puedo concederle otra prórroga». Evidentemente, el interlocutor se autoimpone límites. Está cerrado en sí mismo. No tiene elección. A menudo generaliza con elementos del pasado en esta particular negociación. Se le puede ayudar haciéndole preguntas precisas del tipo «¿Qué o quién lo impide?, ¿qué pasaría si lo hiciese?».

SUPRESIONES

Quien interpreta la realidad usando el filtro de la supresión elimina fragmentos de la experiencia, de lo que ha vivido. Por otro lado, el sistema nervioso central recibe más de dos millones de informaciones, por lo que hay que olvidar una parte de lo que se escucha. Existen preguntas específicas para saber si se han eliminado partes útiles de la negociación. Si, por ejemplo, el negociador dice «Se ha elegido la mejor solución» sin exponer el término de la comparación, resultará útil preguntar «¿Mejor para quién?, ¿respecto a qué?». De esta manera se puede conocer el término de comparación y ofrecer ejemplos y referencias que se opondrán a los del interlocutor. Si no, se emplearán verbos no especificados hasta entonces como «¿Ha obviado mis intervenciones?». Para entender de qué manera se muestra por completo la persona ante el proceso que inicia tal acción, será necesario preguntar «¿De qué manera ha sucedido esto?». La respuesta a esta pregunta informará de qué manera la parte opuesta se muestra ante situaciones o acontecimientos expresados con un único verbo.

DISTORSIONES

Al fin y al cabo, cuando distorsionamos la realidad, sustituimos o transformamos algunos aspectos. De hecho, la interpretamos en función de nuestro mapa del mundo, como hacen algunos pintores. Un ejemplo es el célebre óleo sobre tela *Campo Santa Maria del Giglio* (c. 1760) de Francesco Guardi, en el que las proporciones arquitectónicas alteradas desprenden una visión torcida de la plaza. A menudo, quien distorsiona la realidad piensa que puede leer en la mente de la parte opuesta. Por ejemplo, dirá «Sé bien que no le gusto». En este caso conviene preguntarle cómo lo sabe para poder replicar una información elaborada de manera errónea. Y también podrá establecer equivalencias complejas que se verifican cuando dos experiencias se interpretan como sinónimos y dirá «A partir de la oferta que me ha propuesto he entendido que ya no me tiene en consideración». Para recuperar una interpretación correcta de la realidad se pueden sugerir ejemplos contrarios mediante el cambio del índice de referencia: «¿Ha propuesto a alguien alguna vez que continúe teniéndole en cuenta?».

La aplicación de este lenguaje de precisión permite reunir informaciones ciertas, descubrir cuál es nuestro filtro lingüístico inconsciente y el de la parte opuesta, esclarecer los malentendidos que, a menudo, en las negociaciones representan las informaciones que faltan y sin las cuales es imposible llegar a acuerdos precisos y duraderos.

EL ESQUEMA DE LA NEGOCIACIÓN

PRESENTACIÓN DE LAS PARTES

En esta primera fase debe aplicar su capacidad para calibrar y reflejar, con la que creará una buena relación que permita una compresión recíproca.

Recuerde el viejo dicho: «Para ser comprendidos hay que comprender».

Pronto se dará cuenta de que si refleja bien a la otra persona, esta empezará a recalcar alguna característica. Si, por ejemplo, tiene la costumbre de guiñar el ojo, comprobará que la otra parte hará lo mismo. Este proceso se llama *leading*: está empezando a conducir a la otra parte a compartir sus propias sensaciones y, si lo lleva a cabo de manera controlada, podrá cambiar la manera en que se siente. Pongamos un ejemplo: si calibrando y reflejando a su interlocutor se da cuenta de que respira de manera rápida, golpea de manera nerviosa los dedos sobre la mesa, tiene los músculos del cuello tensos como algunos animales antes de un combate, puede reconducirlo e inducirle a que cambie su fisiología. Empiece a respirar de manera más lenta y, cuando vea que le sigue, relaje los músculos del cuello, y así el resto.

Mucha gente juzga la espontaneidad del comportamiento como el bien más preciado y mantiene que es deshonesto hacerlo cambiar de manera consciente. Desde este punto de vista, cualquier comportamiento supone comunicación e influye en el comportamiento de la otra parte, por lo que el resultado del encuentro —en el caso de la negociación— tiene que desarrollarse en un clima de colaboración sosegada y de disponibilidad.

Para conseguir resultados satisfactorios debe esforzarse para mantener una visión positiva. No haga como aquellas personas que seleccionan sus propias experiencias para buscar la parte negativa y, en el fondo, son felices cuando las cosas no salen demostrando que tenían razón. Recuerde que «lo que busca es lo que al fin y al cabo encontrará».

Nadie pretende que renuncie a la consecución de sus objetivos para demostrar sensibilidad y altruismo. Se le pide, nada más, que no olvide que la otra parte no es su antagonista, sino que tiene prioridades diferentes. Sus intenciones seguramente son positivas para la consecución de los objetivos. Con mucha frecuencia se presentan divergencias, ya que la manera en que plantea sus exigencias puede parecer amenazadora. A causa de una especie de espíritu de defensa se tiende a responder a un golpe con otro, y se entra así en un círculo vicioso que conduce a un enfrentamiento cada vez más duro.

PRESENTACIÓN DEL TEMA DE LA NEGOCIACIÓN

En esta importante fase conviene emplear con el máximo cuidado el lenguaje preciso para recopilar todas las informaciones relativas a los puntos de vista y anhelos de ambas partes. Una negociación eficaz consiste en un proceso de aprendizaje cuyo objetivo final es abrir espacios inesperados para el encuentro de nuevas soluciones uniendo de una nueva manera las diferentes energías, encaminadas hacia la satisfacción de las expectativas y exigencias específicas de las dos partes.

En esta fase deben, de la misma manera, declararse los objetivos de la negociación.

Hay que permanecer atentos, puesto que a menudo tras un objetivo se esconde un «megaobjetivo», que frecuentemente es el objetivo real y que, de no satisfacerse, puede provocar que la negociación no llegue a empezar. Formas de metacomunicación se dan siempre que el significado de una declaración no se encuentra en las palabras empleadas sino en el sentido interno de las mismas. Verifique la comprensión usando el lenguaje preciso hasta que provoque que el interlocutor declare de manera explícita los objetivos que desea alcanzar. Sólo después de haber aclarado esta cuestión se puede proceder a la definición de los puntos de convergencia y divergencia que ambas partes desean subrayar.

NEGOCIACIÓN POR POSICIONES Y NEGOCIACIÓN POR PRINCIPIOS

En los últimos veinte años los estudiosos del comportamiento humano y de las estrategias empresariales han destacado que los dos principales modelos de negociación del mundo occidental son el enfoque hacia negociaciones por posiciones, que se definen como primitivas, y las negociaciones por principios, también llamadas en Estados Unidos *win-win* («gano-ganas»).

La **negociación por posiciones** es la manera tradicional de negociación que se experimenta incluso fuera del ámbito laboral. Los participantes disponen de un mandato limitado y tienden a mantenerse firmes en sus posiciones. La mayor parte del tiempo se discute sobre hechos y comportamientos que divergen sin ninguna posibilidad de abrir nuevos espacios y ofrecer nuevas oportunidades. Desde el principio, ambas partes saben que deben ceder en algo, pero se muestran contrarias en el ofrecimiento de algo como contrapartida. Intentan limitar al máximo las pérdidas y conceder pocas oportunidades al enemigo.

Como ejemplo, veamos la negociación de un aumento de salario entre el personal de ventas de un almacén y el jefe de personal. Los trabajadores solicitan un aumento del 15 %, pero el jefe tiene la orden de negociar sólo hasta el 10 %. Se ponen de acuerdo en un 7 % tras largas y continuadas discusiones sobre números. Están satisfechos porque las ventajas conseguidas corren, de manera evidente, a cargo de la otra parte. Ninguno imagina que, en realidad, el modo más rápido para concluir un acuerdo radica en la demostración de que, concediendo lo que se pide, la otra parte obtiene aquello que desea.

La **negociación por principios** refleja el modelo de negociación que se enseña en Harvard. Está basado en la colaboración y en la concienciación sobre la existencia de intereses comunes. Se trata de un tipo de negociación más relajada y creativa respecto a la negociación por posiciones y a los rígidos papeles preconcebidos.

No hay ganadores ni perdedores, pero se introduce el concepto *gano-ganas (win-win),* que entiende la vida no como un estadio donde competir, sino como una realidad de colaboración.

Si usted busca soluciones de este tipo debe ocuparse del siguiente proceso, que consta de cuatro fases.

1. Ver el problema desde el punto de vista del otro. Intentar entender realmente los motivos que se tratarán y las razones de la otra parte.

2. Identificar las cuestiones y los problemas claves, deshaciéndose, si es necesario, del estatus profesional. Un direc-

tor de personal puede encontrar su manera de pensar y de ser de cuando era un joven recién licenciado contratado si en la otra parte de la mesa hay, por ejemplo, recién licenciados. En ese caso, también los términos lingüísticos varían. Se prefiere lo que une a lo que disgrega, los «y..., y..., y..., y...» a los «o..., no obstante..., pero...».

3. Establecer los resultados intermedios y celebrarlos, ya que ayudan a conseguir de manera más rápida los resultados a través de las sinergias de consenso. Cada ladrillo que se pone correctamente ayuda a que se construya una casa. Es importante, si se pretenden obtener concesiones, sustituir, desde el punto de vista lingüístico, las expresiones del tipo «o ustedes... o nosotros» por «si ustedes... entonces nosotros... haremos».

4. Identificar, aplicando todas las técnicas conocidas, nuevos espacios para alcanzar acuerdos satisfactorios.

Si entre sus conocidos alguien practica el modelo «gano-ganas», e incluso en situaciones adversas persigue un beneficio recíproco, intente observarlo e imite lo que hace.

Reformulemos el ejemplo anterior de la negociación entre empleados de un gran almacén y el jefe de personal. Mediante el estilo «gano-ganas» se parte del principio de que los trabajadores son parte integrante de la organización en su complejidad (sin ellos la empresa no podría proporcionar sus servicios), y por la parte de ellos, los trabajadores no pueden aspirar a mejores salarios si la empresa no ofrece buenos mostradores. En tal caso, la negociación se introduce en un gran marco que no es otro que el aumento de la productividad. Este es el problema clave. Se decide que, en tal ámbito, el resultado más urgente es el aumento de la satisfacción del cliente. Ambas partes son conscientes y se procede a una reunión de tormenta de ideas *(brainstorming)*, donde cada participante propone soluciones. Las buenas se aceptan en seguida y los resultados intermedios se juzgan como importantes.

Al final, el responsable de personal concede un aumento salarial y el personal de ventas se declara en disposición para:

- ir en su tiempo libre a cursos de formación para comprender mejor las exigencias de la clientela;
- participar de manera activa en las iniciativas de promoción del supermercado aceptando tareas no ligadas del todo a su función, además de organizar y llevar a cabo un grupo de animación compuesto por los asistentes de ventas, en ocasión de campañas especiales, como por ejemplo Navidad y Semana Santa;
- ofrecer su total colaboración en la preparación de «horas de compra» reservadas a los «corazones solitarios», en las que los vendedores se convierten en «cupidos tentadores», que regalan rosas a los que están solos y pequeños regalos a quien vuelve acompañado de nuevos amigos;
- reordenar todos los días los espacios del almacén para aumentar la eficiencia del inventario y hacerlo más productivo.

SUPERAR LOS PUNTOS MUERTOS

Puede darse el caso que no se consiga alcanzar, con las técnicas aprendidas hasta ahora, una solución satisfactoria para ambas partes. Podemos encontrarnos ante puntos muertos, semáforos en rojo, calles sin salida. En estos casos se puede intentar pensar en la negociación como en un proceso formado por tres etapas importantes: «antes-durante-después», como se muestra en el siguiente cuadro.

EL PROCESO DE NEGOCIACIÓN

1. El proceso de negociación no sólo se centra en la discusión sino en el:

antes	=	acciones para proyectar el encuentro
durante	=	comportamientos de gestión del encuentro
después	=	análisis de las consecuencias y de los resultados del encuentro

2. Aprender a negociar significa gestionar de manera íntegra y coherente, respecto a los objetivos, los tres momentos, cuyos factores críticos son:

antes	=	planificar
durante	=	comunicar/integrar
después	=	valorar

Si a pesar de replantear la negociación en tales términos no se consigue que esta avance, se pueden aplicar algunas técnicas más antes de darse por vencido.

Comportarse «como si»

Se supone que ya se ha alcanzado el nivel hipotético en el que la negociación se ha bloqueado. A partir de entonces se simula una comprobación de los efectos de las concesiones ofrecidas, y se deja bien claro que se está en el campo de las hipótesis y que nadie obliga a hacer nada. A menudo se puede percibir que el bloqueo se había producido por situaciones emotivas ligadas al estrés, miedos inútiles, ansias personales...

Cambiar de ambiente

En algunos casos, las resistencias inconscientes están relacionadas con el ambiente en el que se desarrolla la negociación. Cuando, por ejemplo, la negociación se lleva a cabo en la sede de una de las partes se puede crear una situación de «local-visitante». A veces, la psicogeografía no está en lo cierto, como cuando un elemento molesto (el típico «listillo»), que tiende a subrayar los puntos de divergencia en lugar de los de convergencia, toma por costumbre sentarse como cabeza de mesa y desde allí dominar la situación. En este caso la negociación se bloquea. Cambiar de ambiente, de silla, será mucho más útil de lo que pueda pensarse en primera instancia.

Reestructurar la comunicación

Sin parafrasear a Don Quijote, quien decía «la realidad es la ilusión y sólo la ilusión es real», es evidente que al cambiar de silla se cambia la percepción de la realidad. En tales casos parece útil prolongar en el tiempo el espacio para la solución de la negociación:

- usando metáforas, analogías, ejemplos contrarios;
- cambiando los índices de referencia;
- analizando el problema en conjunto, alejándose, como sucede cuando se ve un paisaje desde un avión, o fragmentando el problema en pequeñas dosis, para examinar cada una de estas partes de manera independiente.

La negociación también se puede reestructurar en lo referente a valores, convicciones, estrategias, comportamientos, acciones.

Al cambiar dichos parámetros, como un jugador, variarán las maneras de actuar, los comportamientos y, a menudo, el bloqueo de las negociaciones será más ligero, como los globos que los niños hacen volar en un bonito día de viento.

LA TOMA DE
DECISIONES DIRECTIVAS

La toma de decisiones de tipo directivo se puede definir como la selección consciente de una línea de acción entre un cierto número de alternativas para conseguir un determinado resultado.

Naturalmente, no sólo los directivos toman decisiones: en cada nivel de la organización se toman decisiones de mayor o menor complejidad o influencia.

En la empresa, las decisiones pueden ser *programadas*, cuando se refieren a situaciones repetitivas, por lo que deben crearse procedimientos (por ejemplo, las relativas a la contratación de personal), o *no programadas*, cuando hacen referencia a situaciones que se presentan con menor frecuencia (como, por ejemplo, la elección de un nuevo sistema contra incendios).

Se estima que la media de decisiones que toman los altos directivos está alrededor del 50 %. La mayor parte de las personas disponen de una extrema habilidad para justificar las acciones propias aunque sus jefes no lo pidan. Todas las decisiones cuentan con un margen de incertidumbre; de no ser así no se considerarían como tales. Existen dos maneras de decidir:

siguiendo un proceso lógico-racional que se compone de diferentes pasos entrelazados, a partir de los cuales al final se desprenden las soluciones correctas;

siguiendo sensaciones e intuiciones; estas decisiones carecen de análisis, planificación o seguimiento, puesto que la acción crea información y la información reduce la incertidumbre.

La toma de decisiones directiva se corresponde con la siguiente configuración representada por pasos:

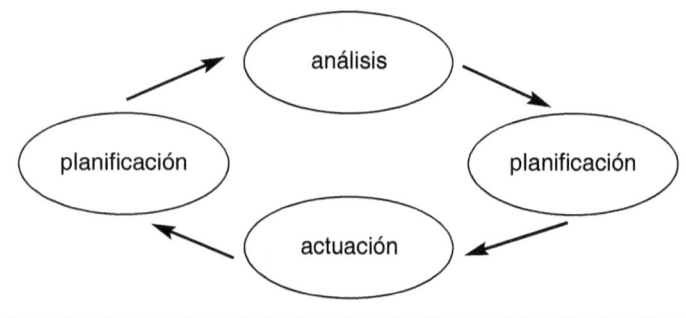

Cuando la toma de decisiones se basa en la intuición y sólo prevé la actuación, nos encontramos ante el clásico modelo del «día a día»; en otros casos, los directivos actúan sin analizar ni supervisar —se están abonando a la fortuna—; otras veces, incluso sin planificar, con lo que se reduce la tarea directiva, y así sucesivamente.

EL PROCESO DE DECISIÓN EN LA EMPRESA

El proceso de decisión, en sus aspectos de análisis del problema y decisión verdadera y propia, es la base de cualquier decisión directiva.

En términos generales, decidir significa «salir de una situación de incertidumbre, eligiendo entre las alternativas posibles a partir de un conjunto de informaciones».

Se trata de elaborar un proceso lógico de tratamiento de la información (véase el cuadro inferior) que consigue traspasar los síntomas y alcanzar el verdadero problema, con lo cual se obtiene una decisión resolutoria del problema.

En la actualidad, al directivo se le pide aplicar la informática en los problemas de gestión, aunque debe recordársele que el ordenador no toma las decisiones por él.

Por ello, este tiene que ser consciente de los errores y de los procesos de razonamiento si no quiere volver a cometerlos o crear otros.

En efecto, los directivos a menudo no consiguen tener ni idea de los motivos del error, y se limitan a resolver sus efectos.

Está demostrado que si se trata la información con sistemas lógicos y coherentes, aumenta estadísticamente la posibilidad de éxito.

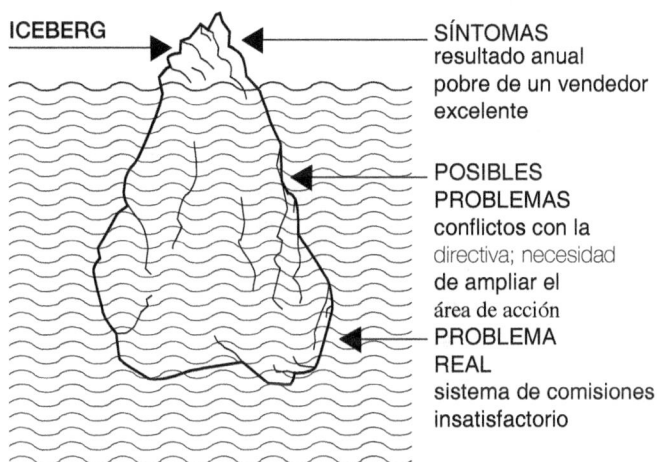

ICEBERG

SÍNTOMAS
resultado anual
pobre de un vendedor
excelente

POSIBLES
PROBLEMAS
conflictos con la
directiva; necesidad
de ampliar el
área de acción

PROBLEMA
REAL
sistema de comisiones
insatisfactorio

LA RESOLUCIÓN DE PROBLEMAS
Y LA TOMA DE DECISIONES

La secuencia de acción expuesta a continuación proporciona un sistema para analizar problemas y tomar decisiones y sugiere métodos eficientes para proceder en cualquier proceso.

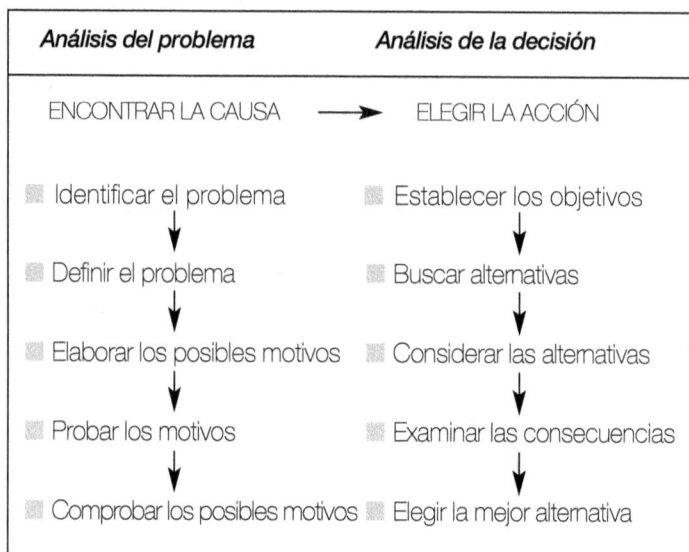

Análisis del problema	*Análisis de la decisión*
ENCONTRAR LA CAUSA $\longrightarrow$	ELEGIR LA ACCIÓN
Identificar el problema	Establecer los objetivos
Definir el problema	Buscar alternativas
Elaborar los posibles motivos	Considerar las alternativas
Probar los motivos	Examinar las consecuencias
Comprobar los posibles motivos	Elegir la mejor alternativa

Cuadro que ejemplifica el proceso directivo de toma de decisiones:

Fases de solución de problemas	*Toma de decisiones*
1. Analice el problema según los criterios: cómo son las cosas; cómo quiero que sean.	1. Estoy de viaje en Milán y quiero llegar a la reunión de trabajo de Bolonia.

Fases de solución de problemas	*Toma de decisiones*
2. Especifique el objetivo en función del cambio que quiere llevar a cabo, por ejemplo, A ⟶ B.	2. Ya definido en el primer punto.
3. Especifique los posibles cursos de acción alternativos para alcanzar el objetivo.	3. Los medios posibles son: — coche; — tren; — taxi; — avión; — autobús; — autocar.
4. Especifique los criterios, o sea, qué características debería tener una empresa para conseguir el objetivo.	4. Mis exigencias son: — estar en Bolonia a las 9.30 de la mañana y no pasar la noche (ni antes ni después); — no tiene que costar más de 60 euros; — disponer de una hora para leer los documentos de la reunión.
5. Elija la alternativa más acorde con tales criterios.	5. Solamente el tren garantiza todos los criterios.
6. Aplique la alternativa.	6. Cojo el tren.
7. Cerciórese de que ha conseguido el objetivo y, en el caso contrario, vuelva al primer punto.	7. ¿Ha llegado a la reunión a tiempo como usted quería?

EL PROCESO DE DECISIÓN

Es necesaria una aproximación lógica y sistemática para resistir-
se a la tentación de actuar de manera impulsiva frente a situaciones o basarse en exclusiva en las experiencias anteriores.

Es importante enfocar los problemas antes de examinar las
alternativas, lo que se quiere conseguir, los resultados futuros
y los recursos que hay que utilizar o conservar.

Además, los objetivos se pueden valorar de diferentes maneras: algunos son imprescindibles y hay que conseguirlos
completamente; otros son deseables: a pesar de quererlos,
puede surgir un compromiso.

Una carencia muy habitual es limitarse a observar las alternativas que primero pasan por la cabeza, en lugar de desarrollar cualquier posibilidad de manera libre.

EL ANÁLISIS DE LA DECISIÓN

1. Poner en claro el objetivo de la decisión.

2. Definir los objetivos que se quieren conseguir.

3. Clasificar los objetivos según su importancia: primarios y secundarios, imperativos o deseables.

4. Dar un peso preferencial a los objetivos secundarios o deseables.

5. Buscar alternativas.

6. Comparar las alternativas primarias con los objetivos primordiales
   y, más adelante, con los secundarios; primero con los imperativos y posteriormente con los deseados.

7. Elegir provisionalmente la alternativa que, a priori, parece la mejor.

8. Valorar las consecuencias negativas de la alternativa elegida de
   manera provisional.

9. Efectuar la selección de la mejor acción.

ENUNCIADO (OBJETIVO) DE LA DECISIÓN

En el enunciado de la decisión debe estar indicado de manera clara y con palabras simples y positivas cuál es el objetivo que se quiere perseguir. El enunciado tiene que abarcar una acción y un resultado final. Por ejemplo, con la frase «Compro un ordenador para trabajar en casa» se evidencia una acción instrumental (compra del ordenador), cuyo objetivo (que cuenta con otras variantes para conseguirlo) es trabajar en casa. Es oportuno evitar enunciados de carácter negativo (por ejemplo, «el mínimo daño», «para evitar que», etc.), además de los que contengan más de una decisión.

DEFINICIÓN DE LOS OBJETIVOS

En el ejemplo anterior hemos visto que el objetivo es trabajar en casa. Y este puede perseguirse mediante la compra del ordenador que, por lo tanto, se convierte en objetivo. El objetivo tiene que estar conectado de manera más detallada para que sea operativo (por ejemplo, un ordenador portátil o de sobremesa, que cueste poco o mucho, etc.).

Para una correcta definición de los objetivos, es necesario tener claro tanto los resultados que se pretenden conseguir (por ejemplo, qué trabajos debo desarrollar en casa) como los recursos disponibles (por ejemplo, cuánto puedo gastar, etc.).

Por lo tanto:

$$Objetivos = F \ (resultados, \ recursos)$$

Los resultados de las preguntas relativas al:

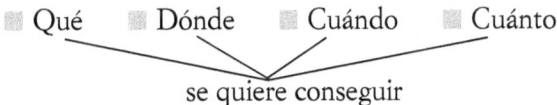

    ▨ Qué   ▨ Dónde   ▨ Cuándo   ▨ Cuánto

se quiere conseguir

No obstante, los recursos se sitúan en categorías como las de personal disponible, dinero, tiempo, espacio, información, *know-how*, métodos y procedimientos, autorizaciones, etc.

Los resultados y los recursos permiten enumerar los objetivos que se quieren conseguir y constituyen los límites (parámetros) con los que evaluar las alternativas que se presentan.

CLASIFICACIÓN DE LOS OBJETIVOS (IMPERATIVOS/DESEABLES)

Los objetivos imperativos son aquellos que de manera absoluta deben conseguirse para satisfacer el enunciado de la decisión.

Un objetivo imperativo tiene que comportar un nivel de aceptación mínimo y máximo que se pueda calibrar (identificable con expresiones como «no debe costar más de...») y que no sea genérico («satisfacer al cliente», «realzar la moral», etc.).

Son deseables los objetivos que no tienen la obligación de ser conseguidos. Estos se emplean como referencia para seleccionar la mejor alternativa entre las que satisfacen a los imperativos. Los objetivos deseables se dividen en las siguientes categorías:

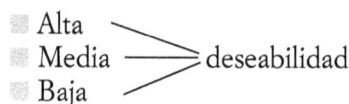

- Alta
- Media ———> deseabilidad
- Baja

ASIGNACIÓN DE COEFICIENTES
DE PONDERACIÓN A LOS OBJETIVOS DESEABLES

Es fundamental identificar el deseo más importante y determinar la importancia de los otros respecto al primero.

Debido a los criterios de valoración, pueden usarse escalas numéricas (del 10 al 1 o del 5 al 1).

CREACIÓN DE ALTERNATIVAS

El conjunto de objetivos imperativos y deseables suman una serie de especificidades que permiten completar un cuadro con diferentes acciones entre las que se puede elegir.

Tales modelos pueden determinar las direcciones de las diferentes alternativas de decisión posibles a partir de los procedimientos que ofrece la imaginación, a la que se recurre ante cualquier situación de resolución de problemas o toma de decisiones.

ENFRENTAMIENTO DE LAS ALTERNATIVAS CON LOS OBJETIVOS

Las alternativas deben encararse, en primer lugar, con los objetivos imperativos y más adelante con los deseables.

Su disposición ante los imperativos tiene como finalidad eliminar las alternativas que no se inscriben en los límites aceptables que exigen los propios objetivos.

Si no se elimina ninguna alternativa es necesario examinar de nuevo los objetivos, puesto que serán demasiado difusos o inapropiados.

Una vez solucionado esto, hay que valorar la información referente a las alternativas respecto a los objetivos deseables.

Para dicha operación es aconsejable aplicar una escala numérica que vaya del 10 al 0, dando la máxima puntuación a la información para aquella alternativa o alternativas que mejor se adapten a los objetivos deseables; para el resto, se valora del 9 al 0 en función de cada caso.

Para evaluar las informaciones conviene no tener en cuenta el coeficiente de importancia del objetivo, y otorgar la máxima puntuación (10) a la información que mejor responda al deseo.

Tras esta operación se procederá a multiplicar el coeficiente de los objetivos por la nota de cada alternativa; y así se obtiene la puntuación ponderada, para, al final, sumar los votos ponderados de cada opción que desprenderán la puntuación final.

SELECCIÓN PROVISIONAL DE UNA ALTERNATIVA

Este paso es necesario para determinar cuáles son las alternativas que se corresponden mejor con los objetivos deseables y para poder avanzar hacia la valoración de las consecuencias desfavorables que pueden derivarse de su actuación.

Por ello, es conveniente seleccionar aquellas alternativas que hayan obtenido la mejor puntuación.

A pesar de que la resolución de problemas es un proceso de recopilación y elaboración de informaciones, pueden surgir algunos inconvenientes:

- confundir los hechos con las opiniones (que son consideraciones sobre hechos);

- apartar los hechos incómodos (los que se oponen a la opinión, los que supuestamente provocarán dificultades, etc.);

- buscar informaciones imposibles (por amor a la totalidad se busca información con costes de búsqueda más elevados que los beneficios que se obtendrán).

El proceso de análisis del problema, según Kepner-Tregoe, comprende un conjunto de acciones que conducen a individualizar la causa que mejor explica la existencia de un problema.

MÉTODO KEPNER-TREGOE DE RESOLUCIÓN DE PROBLEMAS

En el análisis del problema es preciso no confundir estos aspectos:

Objetivos: resultados deseados en relación con los recursos que se han dispuesto.

Síntomas: hechos que indican la existencia de un problema (aunque no representen todavía una prueba para el objetivo).

Causas: aquellos aspectos que pueden haber provocado la desviación.

Efectos futuros: lo que podrá pasar en el futuro si la desviación no se gestiona (problemas futuros).

Solución: aislar los motivos de la desviación y las acciones para eliminarla.

ANÁLISIS DEL PROBLEMA

Un problema es una desviación de la norma que tiene una causa desconocida.

Por desviación de la norma se entienden hechos, acontecimientos, etc. no atendidos.

Tal desviación, que se da en el presente, se ha generado en el pasado a partir de una causa desconocida que siempre está relacionada con uno o más cambios en las variables que conforman la realidad (situación) deseada.

Si, por ejemplo, se quiere utilizar durante este año un único *software* y no se consigue emplear durante el tiempo previsto, entonces ello se define como una desviación.

1. Enunciado de la desviación (problema). El análisis tiene su inicio en la definición del enunciado de la desviación sucedida, que debe ser breve e indicar únicamente el objeto o la persona, el proceso o el conjunto de implicados, además de la naturaleza de la desviación o defecto.

Se intenta verificar la existencia de la desviación y eliminar la búsqueda de informaciones para separar, sucesivamente, la pertinencia y utilidad de los datos específicos que contiene.

2. Especificación del problema. A través de los datos específicos se intentan plasmar los contrastes existentes entre los aspectos propios al problema («es») y los ajenos a este («no es»), sacando a relucir los relativos al problema. La especificación adecuada de un problema es su descripción, sea del objeto o del defecto, de la siguiente manera:

— qué: identificación;
— dónde: espacio en el que se ha producido el fenómeno;
— cuándo: tiempo (en el que ha sucedido el fenómeno);
— cuánto: entidad, coste.

3. Las particularidades. Una vez evidenciados los aspectos propios del «es» y del «no es», se pasa a la búsqueda de aquello que los separa y se analizan los puntos donde los contrastes son «absolutos», «tangibles» y «precisos». Las particularidades obtenidas son nuevas informaciones que se añaden en la búsqueda de la causa. Y sólo pueden ser válidas para el «es».

4. Cambios. Conviene identificar las particularidades que diferencian el «es» del problema; si procede, es necesario verificar si debido a estas se han producido los cambios.

El cambio crucial no se puede encontrar en ninguna particularidad evidenciada. De hecho, la causa está asociada a los cambios.

5. Hipótesis de posibles causas. Cualquier cambio, en potencia, se sitúa en el origen de la causa de la desviación.

En el ámbito de los cambios hay que indicar como posibles aquellos motivos que podrían parecer estar en la base de la desviación.

En términos prácticos, para cualquier cambio es necesario formular una hipótesis de causa para, más adelante, evidenciar con precisión de qué manera la desviación puede haber provocado dicho cambio.

6. Test de causa más probable. El test consiste en analizar los posibles motivos para encontrar el más probable.

Se trata de un trabajo de eliminación para cuya ejecución es necesario limitar al máximo el número de hipótesis tras haberlas comprobado. Para que una causa posible pase a ser la más probable tienen que darse, en cualquier caso, los datos del «es» y los del «no es». Metodológicamente, cualquier causa posible tiene que compararse de manera destructiva (con el objetivo de eliminarla si no aporta certezas) con cualquier dato que se quiera comprobar.

7. Test de realidad. La verdadera causa tiene que estar de acuerdo con alguna particularidad del «es», ya que de manera contraria se habría identificado con el «no es». Este es el motivo por el que la especificación tiene que ser detallada.

La comprobación es la única operación que permite afirmar con absoluta certeza que la causa más probable que se consiga despejar es la verdadera causa del problema.

La comprobación, por lo general, es de tipo físico y tiene que darse, necesariamente, allí donde se ha descubierto el problema. He aquí un ejemplo de método.

Una cooperativa de servicios desarrolla una actividad de reparto a domicilio de comidas a varias de las llamadas «clases más desfavorecidas» de la población. Se trata de un servicio que el ayuntamiento ha encargado a una cooperativa. Los recipientes de comidas, divididos por clientes, están divididos en 12 recorridos que se reparten durante la semana. En el convenio con el ayuntamiento, se ha establecido que la comida debe repartirse caliente, en un periodo de tiempo que no supere la hora desde la salida del recipiente de la cocina. Los servicios domiciliarios del ayuntamiento y algunos clientes empiezan a quejarse puesto que los alimentos llegan fríos. El responsable del servicio de distribución de la cooperativa empezó a recoger informaciones siguiendo el esquema K-T (véase el siguiente cuadro). Ya desde el principio el responsable pudo comprobar que las quejas provenían principalmente de los clientes del

ANÁLISIS K-T

¿CUÁL ES EL PROBLEMA?	¿QUÉ NO ES EL PROBLEMA?	¿QUÉ CARACTERIZA AL PROBLEMA?
Algunas comidas se entregan frías	No todas las comidas se entregan frías	Tiene que ver con las cenas, principalmente del recorrido B y, en menor medida, de los recorridos A y C
¿DÓNDE ESTÁ EL PROBLEMA?	¿DÓNDE NO ESTÁ EL PROBLEMA?	¿QUÉ CARACTERIZA A DICHO LUGAR?
En los clientes y la asistencia domiciliaria	En la salida de la cocina de la cooperativa	Se encuentra alrededor del lugar de cocción
¿CUÁNDO SE HA MANIFESTADO EL PROBLEMA?	¿CUÁNDO NO SE HA MANIFESTADO?	¿QUÉ HA CAMBIADO DURANTE EL PERIODO DEL PROBLEMA?
Empezó hace 2 meses más o menos, en noviembre	Hasta hace 2 meses	Aparentemente nada, pero... (véase el análisis de la situación)

recorrido B y de los limítrofes a este (A y C). Al responsable no se le ocurrió nada mejor que realizar el recorrido B junto al trabajador que efectuaba el reparto. Las quejas desaparecieron, pero descubrió que el joven trabajador se había inscrito en la universidad a principios de noviembre y que quería ir a clase. Posteriormente siguió a los trabajadores de los recorridos A y C, y descubrió que habían creado un nuevo recorrido que incluía parte del recorrido B de noche. Los trabajadores A y C eran amigos de B, que por las noches quería ir a la universidad. En la práctica, muchas de las comidas de B, y algunas de A y C, se entregaban después de la hora de referencia según el convenio con el ayuntamiento. El problema se aclaró.

ANALISIS K-T

¿A QUÉ O A QUIÉN AFECTA EL PROBLEMA?	¿A QUÉ O A QUIÉN NO AFECTA EL PROBLEMA?	¿QUÉ DIFERENCIAS HAY EN LAS PERSONAS U OBJETOS DEL PROBLEMA?
A unas pocas comidas del recorrido B, clientes y asistentas domiciliarias	A pocas comidas de las que se distribuyen, y no a todas de un mismo recorrido	Siempre es el mismo operador distribuidor de comidas
¿CADA CUÁNTO SUCEDE EL PROBLEMA?	¿CADA CUÁNTO NO SUCEDE?	¿QUÉ CARACTERIZA A LA FRECUENCIA CON QUE SE MANIFIESTA?
Todos los días laborables	En vísperas y festivos	Las quejas desaparecen los sábados y domingos
¿CUÁL ES LA DIMENSIÓN DEL PROBLEMA?	¿DE QUÉ MANERA SE REDUCE EL PROBLEMA?	¿QUÉ CARACTERIZA A LA DIMENSIÓN Y AUMENTO DEL PROBLEMA?
Está circunscrito a la noche, principalmente en el recorrido B, y se mantiene durante todo el tiempo	No afecta a 9 de los 12 recorridos y no es grave en los A y C	Es relativamente constante en el recorrido B, y menos en los A y C

OTRO MÉTODO PARA BUSCAR LAS CAUSAS

Se trata de un método aplicado en la resolución de problemas y en los procesos directivos considerados de calidad absoluta. El desarrollo es el siguiente:

- identificación del problema o del efecto;
- búsqueda de todos los motivos posibles;
- aislamiento de los motivos más probables;
- identificación de los motivos más importantes;
- comprobación de los motivos más relevantes y consecuente búsqueda de soluciones.

El esquema de análisis del motivo, según la aproximación de la calidad absoluta, parte del análisis sistemático de un proceso de trabajo.

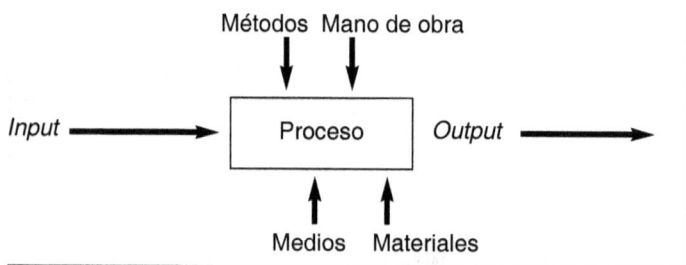

El esquema de análisis de las causas, llamado *diagrama causa-efecto,* está basado en algunas categorías de causas que servirán para desarrollar el análisis de manera ordenada.

Tras haber precisado (enunciado) de manera correcta el problema/efecto que hay que investigar e indagar, las posibles causas deben clasificarse. Los posibles motivos pueden aislarse planteando las siguientes preguntas:

- qué consecuencias tiene;
- qué es y qué no es;

cuándo ha sucedido;

cómo;

qué supone.

CLASIFICAR Y BUSCAR LAS CAUSAS

Clasificar y buscar son operaciones mentales diferentes. Las etapas para clasificar son:

1. Aislar las principales tipologías de motivos (mano de obra, métodos, máquinas, materiales, etc. Véase esquema de la pág. 98), y ampliar su taxonomía en función del problema.

2. Elaborar un diagrama causa-efecto asignando una familia de causas a cada rama. Todas las causas coinciden en un efecto que se constituye como el problema que hay que resolver (véanse ejemplos de las págs. 102 y 103).

3. Retomar la clasificación y situar las causas de cada familia en pequeñas ramas.

4. Si se descubren en la clasificación causas que dependen de otras, dibujar todas sus ramificaciones.

Las etapas para buscar son:

1. Identificar las causas más probables (los ejemplos con los números 1 y 2 del ejemplo superior de la pág. 103).

2. Identificar las causas más importantes.

3. Comprobar las causas más importantes.

TIPOLOGÍAS DE CAUSAS

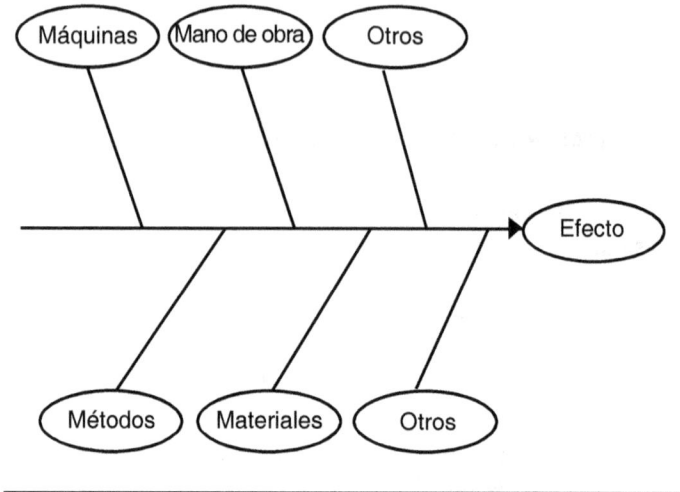

DIAGRAMA CAUSA-EFECTO: PLATOS FRÍOS SOBRE LA MESA

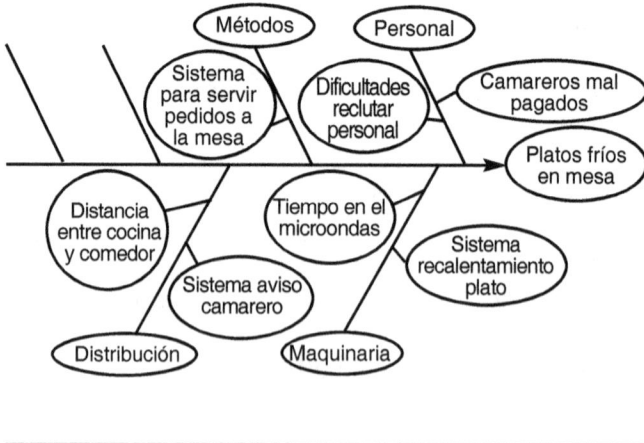

DIAGRAMA CAUSA-EFECTO: MENSAJES TELEFÓNICOS NO RECIBIDOS

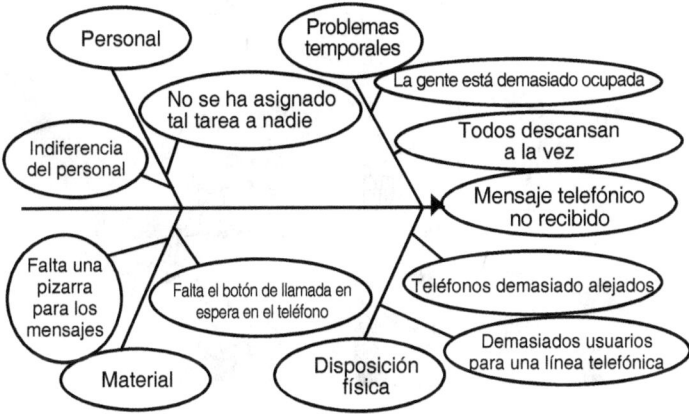

Personal

Problemas temporales

La gente está demasiado ocupada

No se ha asignado tal tarea a nadie

Todos descansan a la vez

Indiferencia del personal

Mensaje telefónico no recibido

Falta una pizarra para los mensajes

Falta el botón de llamada en espera en el teléfono

Teléfonos demasiado alejados

Demasiados usuarios para una línea telefónica

Material

Disposición física

DIAGRAMA CAUSA-EFECTO: RECUPERAR LOS CLIENTES PERDIDOS

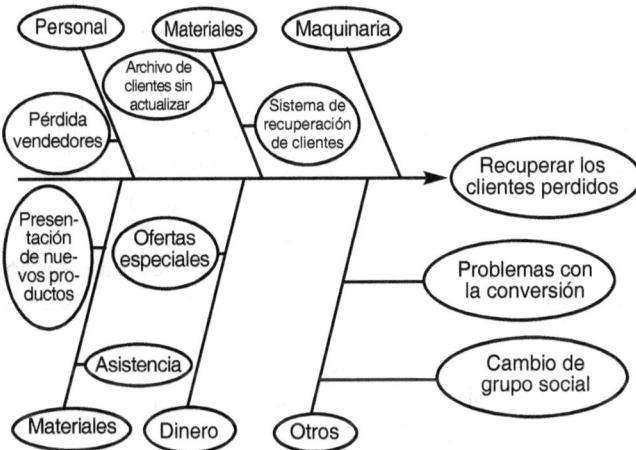

Personal

Materiales

Maquinaria

Archivo de clientes sin actualizar

Sistema de recuperación de clientes

Pérdida vendedores

Recuperar los clientes perdidos

Presentación de nuevos productos

Ofertas especiales

Problemas con la conversión

Asistencia

Cambio de grupo social

Materiales

Dinero

Otros

DELEGAR Y
SUPERVISAR

DELEGAR

SABER DELEGAR

Saber delegar, fácil de decir y difícil de hacer. Capacidad instintiva para pocos directivos. Habilidad que se adquiere con constancia y determinación. A la mayor parte de los directivos les gusta, en efecto, tomar decisiones, mientras que delegando se cede el poder de decisión. No obstante, delegar es indispensable. Sólo así el directivo tendrá tiempo para dedicarse a su verdadera tarea, que no es otra que definir estrategias e indicar los caminos que hay que seguir para alcanzar objetivos cada vez más amplios e importantes.

«El verdadero directivo de éxito es aquel que sabe cómo hacer que los otros hagan lo que pretende», recitan los sacros textos de dirección empresarial. En realidad, el propio término *delegar* desencadena miedos, ansias y conflictos internos difícilmente explicables desde un punto de vista lógico en los directivos más modernos y democráticos. Justo porque se trata de fenómenos asociados con el inconsciente, hemos decidido otorgarle a este capítulo una estructura particular que potencia los ejemplos, los estados de ánimo, las emociones. En efecto, será sobre todo a través de estos canales que se llevará a cabo el proceso de delegación.

Ascender es sufrir un poco

Cuando el señor Durán, responsable de publicidad en una empresa farmacéutica, recibió el encargo de lanzar un nuevo fármaco —que costó cientos de miles de millones de euros en investigación—, pensó que había llegado el momento de poner a prueba la capacidad de un joven colaborador a sus órdenes, el doctor Pablo Villa, brillante experto en marketing *farmacéutico. Se trataba de la primera vez que Durán no seguía de manera personal las fases de lanzamiento de un producto tan importante. Estaba preocupado e inquieto.*

Durante la noche el señor Durán soñó que Villa, aprovechando conocimientos de su propia especialidad, le tendía astutas trampas para hacerle quedar como un incompetente ante el director general. Se despertó con amargura y decidió que cuando llegara a la oficina llamaría a Villa para comunicarle que había cambiado de idea. La justificación oficial sería que «obligaciones imprevistas le quitaban tiempo para instruirle en sus nuevas obligaciones». En realidad, tenía miedo de perder poder, prestigio, autoridad.

Durán, no obstante, se había acostumbrado a analizar cualquier situación, más que con el corazón, con la cabeza. Cuando llegó a la oficina se dio cuenta de que estaba poseído por temores inútiles, por un verdadero «síndrome de miedo» debido a un desafío difícil. Se obligó a mantener pensamientos positivos. «Delegar», se dijo a sí mismo, «es formación práctica de campo que permite crecer profesionalmente a los colaboradores y a los jefes asumir nuevas responsabilidades que conducen hacia metas directivas más complejas».

Antes de llamar a Villa para asignarle sus nuevas funciones, hizo un pequeño esquema parecido al siguiente:

DELEGAR ES UN PROCESO ORGANIZATIVO
QUE PERMITE EL TRASPASO DE LA AUTORIDAD
DE UN SUPERIOR A UN SUBORDINADO

AL DELEGAR,
EL JEFE

atribuye RESPONSABILIDAD	*transfiere* AUTORIDAD	*crea una* OBLIGACIÓN

al

SUBORDINADO

ACTIVIDAD	*PODER*	*RELACIONES*

EL PROCESO DELEGADOR

Una vez superado el miedo a delegar, ¿qué hay que hacer para que no se transforme en el peligroso *boomerang* que temía el señor Durán? Hay que tener claro qué tipo de relación óptima entre jefe y trabajador existe en el proceso de delegar. Realizar una pequeña lista puede ser útil para cerciorarse de las áreas de cooperación, influencias positivas y desarrollo.

LA RELACIÓN JEFE-TRABAJADOR

Implicación

Complicidad	Participación
Fusión	Confianza
Afectividad sofocante	Comprensión
Problema moral	Solidaridad
Adulación	Consenso
Seducción	Responsabilidad
Paternalismo	Ejemplo
Justificación	Medirse
Otros	Relacionarse
	Otros

Influencia negativa　　　　　　　　　**Influencia positiva**

Freno　　　　　　　　　　　　　　**Desarrollo**

Imposición-ingerencia	Disciplina
Inspección-fiscalidad	Valoración
Caza del culpable	Declaración de expectativas
Caza del error	Declaración de objetivos
Autoridad excesiva	Incentivos
Insistencia	Buscar causas
Amenaza	Medir
Sentencia	

Presión

Por lo tanto, es necesario analizar las diferentes fases del proceso de delegación, que van desde la comunicación correcta de las instrucciones hasta la motivación de la persona en la que se delega. También en este caso, el inconsciente juega un papel importante, puesto que delegar a menudo está relacionado con la identidad y las convicciones personales más profundas.

1. Las instrucciones. Los americanos las llaman *briefing*. En la práctica, se trata de los muros de contención del delegar. Las instrucciones han de ser claras y precisas. La primera regla es «no dar nada por descontado». Lo que para usted parece una tarea fácil, quizás porque la esté realizando desde hace mucho tiempo, para su trabajador puede ser un duro hueso, una obligación ingrata y difícil. No todos somos iguales: téngalo en cuenta cuando presente el *briefing*.

2. Los objetivos. Defina con precisión los objetivos: venda con entusiasmo su punto de vista. Si los trabajadores «compran» sus ideas, será más fácil obtener resultados.

El objetivo, para ser eficaz desde un punto de vista lingüístico, tiene que exponerse en términos positivos. Encuentre lo que quiere, no lo que no quiere. Comuníqueselo a su colaborador con todos los sentidos. Construya con él las imágenes que, una vez conseguido el objetivo de delegar, verá, escuchará y sentirá como sensaciones y sentimientos. Encuentren juntos las pruebas, exámenes para comprobar que el objetivo se ha alcanzado de manera harmónica para todos.

Decidan en qué contexto se quieren conseguir los objetivos, recordando que hay que respetar el ambiente, entendiendo como tal el lugar donde se desarrolla el trabajo.

Para acabar (no en orden de importancia), proyecte el objetivo en el futuro y pruébelo en diversas situaciones futuras para evitar estar persiguiendo con tenacidad y perseverancia falsos objetivos, de los cuales dependen, por desgracia, la vida de muchas personas.

3. Autorizaciones. Cuando dé instrucciones y establezca los objetivos, recuerde transmitir los poderes necesarios. En algunos casos son fundamentales algunas autorizaciones especiales. Olvidarlas puede costar caro, como en el siguiente ejemplo.

Partir es morir un poco

Andrés Casanova, administrador único de una empresa de transporte internacional, mientras esperaba el avión que debía llevarle en un largo viaje hasta Japón, dijo a su joven asistente, María, que mientras él se ausentara, se ocupara de las relaciones con los bancos y, en especial, de las transacciones en dólares, cuyo cambio en aquel momento era sensiblemente favorable. Cuando llegó a Tokio, lo llamó su asistente y le comunicó que no había podido llevar a cabo el encargo que le había encomendado puesto se había olvidado de darle una autorización por escrito para el banco, indispensable para operar de manera autónoma.

Delegar de manera informal a menudo no sirve para nada. El señor Casanova se equivocó delegando al no calcular que delegar de manera eficaz supone una preparación minuciosa, en la que tiene que preverse de manera escrupulosa aquello de que el delegado pueda necesitar.

4. Recursos. Planifique los recursos necesarios para poder ejecutar lo que se delega. Con una cerilla mojada no es cierto que se pueda encender un fuego.

Es importante que se sepa que ha delegado parte de la autoridad en un colaborador. A veces resulta útil informar directamente con una llamada telefónica amistosa a aquellos dirigentes con quienes tendrá que estar en contacto, además de demostrar que sabe ser prevenido con aquellos que no conoce bien.

Si se requieren habilidades para relacionarse, no dude en abrir sus archivos para mostrar cómo se hace a la persona en quien delega.

No se canse jamás de preguntar qué puede serle útil para trabajar de la mejor manera. Si la persona delegada se muestra insegura y teme no conseguirlo, programe una serie de éxitos, de la misma manera que cuando se buscan *sparrings* para preparar a un boxeador.

Permita que la persona en quien ha delegado elija libremente cómo sacar adelante el trabajo, pero pídale que se lo explique detalladamente de manera que usted esté informado en todo momento de su trabajo.

En el arte de delegar son muy importantes los siguientes aspectos:

— guiar sin interferir;
— proteger de los riesgos de la inexperiencia sin ahogar;
— aconsejar sin reducir su responsabilidad.

Si, al fin y al cabo, algo no funcionara, tenga paciencia. Recuerde que existen infinitas maneras de equivocarse y que su colaborador ya ha eliminado una.

5. Control. Delegar no significa abdicar. Las supervisiones no son exactamente una sutileza burocrática o una manera de demostrar el poder o la supremacía que se posee. Simplemente se trata de un medio para obtener mejores resultados. Deben conducir al directivo hacia los objetivos y nunca convertirse en tales.

Desde un punto de vista operativo conviene conocer a fondo aquellas políticas y aquellos procedimientos de empresa tan experimentados y consolidados que forman parte de la cultura de empresa.

Se establecerán tareas precisas, líneas de trabajo por escrito, dentro de las cuales deberá mantenerse el trabajo de la persona delegada.

Se le concederá flexibilidad en condiciones normales. No obstante, para alejarse diversos grados de la ruta establecida previamente, deberá solicitar autorizaciones especiales que convendrá proporcionar en tiempo real.

LAS FASES DEL PROCESO DELEGADOR

DEFINIR con precisión los
OBJETIVOS:
— establecer los resultados
  esperados y no los
  modelos de trabajo;
— ser claros;
— comunicar,
  explicar, discutir.

ESTABLECER, con la persona
delegada, los PODERES y los
RECURSOS con que cuenta,
y no los LÍMITES
entre los que podrá actuar.
Definir claramente:
— plazos de entrega;
— autorizaciones de compra;
— personas a disposición;
— posibilidad de dar órdenes.

DEFINIR un sistema de
CONTROL:
— el control nunca se
  delega;
— control no fiscal (se
  delega para mejorar
  los resultados);
— gradualidad de
  los controles;
— preferir los
  controles cara a
  cara.

MOTIVAR al DELEGADO:
— delegar responsabilidades;
— delegar actividades interesantes;
— enmarcar la delegación en el
  desarrollo profesional.

Durante el desarrollo del trabajo que se plantee se establecerán supervisiones en los plazos de ejecución y se pedirán resultados periódicamente.

El buen directivo deberá haber aprendido a conseguir resultados sea a través de la persuasión o mandando.

Cuando se acabe el trabajo que se ha delegado, tiene que haber un control posterior. Si todo ha funcionado correctamente se elogiará a las personas indicadas. Si, en cambio, ha habido errores, se considerarán oportunidades para nuevos aprendizajes. A continuación presentamos algunas preguntas que debe plantearse en este último caso:

— ¿Ha habido malentendidos entre las dos partes?
— ¿Se ha delegado en una persona no preparada para la tarea?
— ¿Cuál es el origen de este error de valoración?
— ¿Ha habido imprevistos?
— ¿Qué se podría haber hecho para superarlos?

NO DELEGAR LO YA DELEGADO

Parece algo obvio, pero hay jóvenes directivos que, contagiados por el entusiasmo, se arriesgan y delegan lo que se les ha delegado, y recobrar el timón de la propia barca no es fácil. Por ello, el siguiente esquema muestra los diferentes grados de implicación en la delegación.

LAS DELEGACIONES

IMPLICACIÓN MÍNIMA			IMPLICACIÓN MÁXIMA
Orden operativa	Delegación operativa	Delegación directiva	Petición para presidir el objetivo
Qué hacer Cómo hacerlo Qué no hacer	Qué hacer Cómo hacerlo Qué obtener	Qué obtener Por qué hacerlo	Por qué hacerlo

Se puede empezar delegando operativamente una función que se sabe hacer perfectamente. Es como navegar por una ruta conocida, seguro de que, al conocer los vientos y las corrientes marinas, la barca arribará a puerto aunque el mar esté furioso.

Quien delega por primera vez y tiene miedo de no conseguir controlar el proceso puede empezar haciéndolo con cualquier cosa que sepa hacer muy bien, lo que se conoce con el nombre de *trabajo del corazón*.

El trabajo del corazón

Fernando Sánchez, director general de un concesionario de automóviles, tenía una tarea que le gustaba particularmente y en la cual era excelente: crear campañas de prensa para los periódicos locales. Se divertía diseñándolas y, al tener el dibujo como afición secreta, hacía bocetos y encontraba relajante seguir de cerca las diferentes fases de la publicación.

No obstante, se dio cuenta de que tal trabajo le quitaba demasiado tiempo. Ya no conseguía seguir las estrategias comerciales indispensables para aumentar la facturación determinada por la empresa matriz.

Era un hombre que se había hecho a sí mismo y que nunca había tenido la oportunidad de estudiar libros de dirección de empresas; no conocía los diferentes pasos necesarios para delegar. Aprendió rápidamente a delegar el trabajo del corazón en un joven colaborador al que adoctrinó con competencia y maestría en las nuevas tareas. Una vez hubo delegado esto, le fue fácil delegar toda una serie de trabajos rutinarios que hasta entonces había llevado a cabo sin preguntarse jamás si se adecuaban a su posición de director general.

Le gustó el hecho de delegar, y constató que, cada día, sus colaboradores se interesaban más por la suerte de la empresa. Empezó a tener una visión más global de su actividad. Su profesionalidad crecía y estaba más seguro de sí mismo.

Realmente contento estuvo el día en que, ya sentado en su sillón de director general, envió a sus colaboradores más cercanos a un prestigioso encuentro que la empresa matriz había organizado con la finalidad de premiar a los mejores concesionarios.

Se puede delegar todo hasta parecerse a ese personaje de un famoso cómic que, sentado en el centro de una inmensa oficina completamente vacía, decía: «A mí sólo me hace falta un sillón, el resto lo he delegado». Ciertamente, no hay que llegar a tales excesos. No se pueden delegar las funciones de política y estrategia empresarial, de gestión en momentos de crisis, procedimientos disciplinarios graves, ni los elogios al personal. Estas son tareas propias del directivo, de quien reconoce que su éxito depende de los resultados que sabe obtener de manera individual y de los que consigue mediante sus colaboradores.

SELECCIONAR A LOS DELEGADOS

El último punto que tratamos es el de la selección del delegado o delegados.

En efecto, al delegar se obtienen mejores resultados si se asigna la tarea justa a la persona adecuada. De otra manera, pueden producirse desilusiones y errores.

- ¿Para quién supone la delegación un desafío positivo?, ¿quién podría aprender más?, ¿quién cuenta con las competencias técnicas y humanas para tener éxito?

- ¿Es necesario tener experiencia para desarrollar la función de delegado? Si no se estuviera preparado, ¿qué se debe hacer para estarlo?

¿Qué cualidades son necesarias? Haga una lista y compárela con el perfil de sus colaboradores.

¿Qué otras prioridades tiene el delegado en su trabajo diario?, ¿necesitará ayuda para desarrollar el trabajo rutinario si la delegación le supone demasiado tiempo?

¿Está preparado el trabajador para aceptar que se delegue en él?

Esta última pregunta es muy importante, puesto que hay subordinados que, por pereza o miedo a asumir nuevas responsabilidades, tienden a devolver al jefe lo que se les ha delegado usando diferentes estratagemas. Es un fenómeno que sucede muy a menudo y que no es fácil de gestionar. He aquí un ejemplo de éxito en esta difícil empresa.

Suerte, y recuerde que, como dice un viejo proverbio chino, «es mejor dar un golpe directo con un bastón torcido que pasarse la vida intentando enderezar ese dañado bastón», ¿verdad?

El ping-pong de delegar

Francisca Gómez, asistenta del responsable de la oficina de reclamaciones de un gran almacén, se había convertido en una experta en devolver lo que se le delegaba a su superior, Mario Cruz. Cualquier estratagema era buena. La adulación era su preferida. Por ejemplo, a pesar de que su obligación era responder a las cartas de quejas de los clientes, siempre conseguía devolver las más largas a Cruz con la excusa de que él era la única persona capaz de hacerse entender incluso por las personas más complicadas. Cruz se pasaba los domingos respondiendo a estas cartas hasta que, cansado por el trabajo, decidió que era el momento de cambiar.

Un lunes por la mañana llamó a su asistente y gentilmente le dijo: «Lo siento, he sido un ególatra; la he privado durante mucho tiempo de la posibilidad de aprender a responder a las personas más difíciles. Es un trabajo que se aprende haciéndolo, a través de muchos intentos fallidos. Para probar, prepare algunos bocetos para mañana. Los veremos juntos, y seguramente lo hará mejor que yo».

El movimiento siguiente de la señorita Gómez fue llevarle un gran volumen de bocetos de cartas de respuesta a los clientes, esperando que Cruz, abatido, exclamase: «Acabo antes respondiendo yo que leyendo todo esto». De tal manera, le hubiera devuelto, una vez más, la patata caliente.

Cruz no se descompuso. Pidió a la señorita que leyera aquel montón de papeles y le ofreció consejos útiles para sintetizarlo todo al máximo.

En este punto, con la espalda contra la pared, Francisca Gómez decidió aceptar que se le delegara. Al día siguiente volvió con el trabajo hecho a la perfección. Todas las cartas llevaban su firma bien clara y personalizada de una manera muy particular en la manera de escribir las iniciales de su apellido. Cruz mostró visiblemente su satisfacción.

En casa explicó a su mujer que le había parecido percibir una luz de reconocimiento en la mirada de su joven asistente. «Seguramente sea así», exclamó su mujer. «Las personas a las que más recordamos son aquellas que nos ayudan a sacar lo mejor de nosotros».

CREATIVIDAD Y
CULTURA DE EMPRESA

La resolución de problemas no requiere un comportamiento rígido de quien asume tal tarea, aunque debe ser riguroso y abierto; requiere un cuadro mental flexible y dúctil.

A menudo, en las empresas u organizaciones se necesitan ideas originales para salir de situaciones explosivas o encontrar respuestas más eficaces a algunos problemas cuya respuesta reside en la experiencia empresarial.

La empresa puede considerarse como un espacio de permanente resolución de problemas de carácter pluridisciplinar (de *marketing*, financieros, sociales, etc.), donde la creatividad excluye cualquier referencia a la fantasía estéril alejada de lazos concretos con la realidad y los resultados empresariales.

Naturalmente, la creatividad no se puede reducir a la solución de problemas. De hecho, se desarrolla también en la anticipación de problemas y en la búsqueda de oportunidades y alternativas. Cuando la empresa tiene que entender los puntos fuertes o débiles para su futuro (la estrategia), o cuando se requieren nuevas ideas emprendedoras, la creatividad se convierte en un recurso necesario.

CREATIVIDAD Y DOBLE CEREBRO

El profesor Roger W. Sperry, premio Nobel de Medicina en 1981, ha proporcionado fructuosas investigaciones alrededor del «doble cerebro» y la actitud creativa de los individuos.

Él descubrió la asimetría de funcionamiento de los hemisferios cerebrales.

Hemisferio izquierdo

— *práctico;*
— *digital;*
— reactivo;
— se adapta al cambio;
— prevé;
— anticipa;
— se marca objetivos;
— especifica etapas;
— es sistemático;
— centrado en la realidad;
— posee *zoom;*
— concentra su visión.

Hemisferio derecho

— *mágico;*
— *analógico;*
— imagina el futuro;
— es proactivo;
— causa el cambio;
— proyecta;
— origina;
— crea historias;
— propone situaciones;
— inventivo;
— centrado en la posibilidad;
— posee un gran angular;
— amplía sus miras.

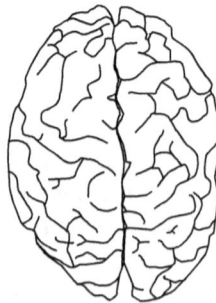

- **Lógico**
- **Secuencial**
- **Verbal**
- **Lineal**
- **Analítico**
- **Digital**

- **Intuitivo**
- **Visualizador**
- **Espacial**
- **Creativo**
- **Analógico**

El hemisferio izquierdo gobierna las funciones racionales (razonamiento, palabra, cálculo...) y el derecho las de síntesis, la intuición, la sensación, las imágenes. La educación occidental potencia el desarrollo de las primeras, obstruyendo los procesos de imaginación del hemisferio derecho.

El desarrollo de la creatividad permite pensar más allá de los esquemas conocidos y llegar a nuevas conclusiones, cuyo objetivo es la resolución de un problema o el aprovechamiento de una oportunidad, mediante la activación, claro está, de la parte del cerebro generadora de inteligencia divergente.

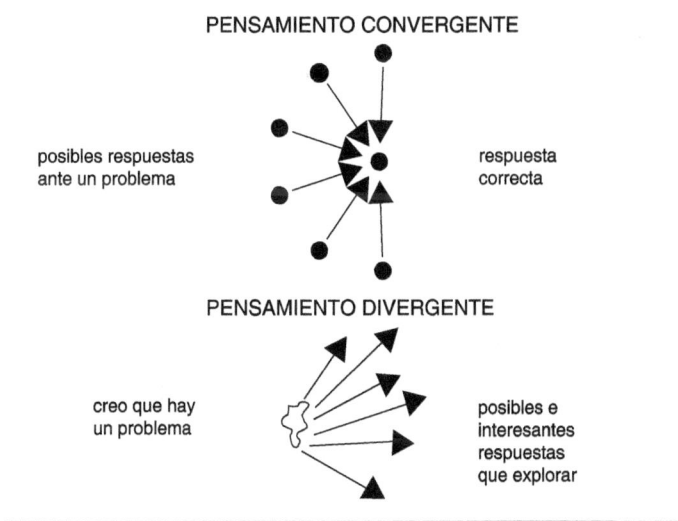

PENSAMIENTO CONVERGENTE

posibles respuestas ante un problema

respuesta correcta

PENSAMIENTO DIVERGENTE

creo que hay un problema

posibles e interesantes respuestas que explorar

La inteligencia divergente consiste en la capacidad para enfrentarse a situaciones problemáticas con originalidad (capacidad para generar ideas inéditas), fluidez (número de respuestas a una pregunta en concreto), flexibilidad (variedad de respuestas) y capacidad de elaboración (grado de detalle, de definición).

PENSAMIENTO CONVERGENTE Y DIVERGENTE

En la historia del desarrollo del pensamiento por encima de la creatividad existen dos expresiones que deben tomarse como sinónimas: el pensamiento lateral (De Bono) y el pensamiento divergente (Crooplay).

El pensamiento lateral se contrapone al vertical (lógico), y el pensamiento divergente al convergente (conformador).

El pensamiento divergente se desarrolla a través de un juego de combinaciones asociativas de ideas.

Se trata un método «explosivo», puesto que genera una variedad teóricamente infinita de horizontes a explorar, de hipótesis que a priori no existían, de senderos por recorrer.

Se trata de la victoria del hemisferio derecho sobre el izquierdo, de la incertidumbre sobre la certeza, de lo desconocido a lo conocido. La convergencia, más que centrípeta, es centrífuga, multiplicadora y no divisoria, libre e iluminada antes que guiada y vinculada.

Pensamiento convergente

- Tiende a lo normal y previsto.
- Tiende a recordar lo conocido.
- Tiende a aprender lo predeterminado.
- Tiende a conservar lo que es.
- Privilegia la certeza.

Pensamiento divergente

- Tiende a lo que es nuevo.
- Tiende a redefinir lo conocido.
- Tiende a explicar la indeterminación.
- Privilegia el riesgo.

LA ANÉCDOTA DEL USURERO Y DE LA HIJA DEL MERCADER

Un gran estudioso de la creatividad, E. De Bono, ha demostrado, a través de una anécdota, la diferencia subyacente entre el pensamiento vertical y el lateral, entre el pensamiento convergente y el divergente. De Bono cuenta que un mercader de Londres acumuló una gran deuda con un usurero. El usurero, que era viejo y sucio, quedó prendado de la joven hija del mercader y le dijo a este que le perdonaba la deuda si recibía a cambio a la chica, dejando no obstante que decidiera la providencia.

Explicó que metería en una bolsa vacía dos piedrecillas, una blanca y una negra, y que la joven sería quien las sacara. Si salía la negra, se convertiría en su mujer y la deuda de su padre quedaría satisfecha. Si, en cambio, la joven sacaba la piedrecilla blanca, se quedaría con su padre y, además, la deuda se extinguiría igualmente. Pero si se negaba a hacer la extracción, su padre iría a prisión puesto que la ley inglesa preveía dicha pena para los insolventes. Después de una larga reflexión, el mercader acabó aceptando el trato. En aquel preciso momento, los tres estaban en un pequeño camino de piedrecillas en el jardín del mercader, y el usurero se agachó para coger las dos piedrecillas, pero la chica se dio cuenta de que había introducido en la bolsa dos piedras negras. Cuando el usurero le pidió que procedería a la extracción de la piedrecilla que tenía que decidir la suerte de su padre, ella, usando el pensamiento convergente, habría podido:

a) negarse a extraer la piedra;

b) enseñar que la bolsa contenía dos piedras negras y desenmascarar al usurero mentiroso;

c) extraer una de las piedras negras y sacrificarse para salvar al padre de su ingreso en prisión.

Ninguno de los consejos anteriores habría sido suficientemente útil. ¿Cómo resolvió el problema? Bien. Introdujo la mano en la bolsa y extrajo una piedrecilla, pero sin ni siquiera mirarla hizo que se le escapara de la mano dejándola caer con las otras piedras del camino, entre las que se confundió. «¡Oh, qué descuido!» —exclamó—. «Pero no hay porqué preocuparse. Si se mira dentro de la bolsa se puede deducir inmediatamente, por el color de la piedrecilla que ha quedado, el color de la otra». Así pues, gracias al pensamiento lateral, la chica consiguió resolver de manera ventajosa para ella una situación que parecía no tener escapatoria.

Como en el pensamiento vertical, en los mejores ejemplos del lateral, la solución, una vez encontrada, parece ciertamente obvia. Es muy fácil olvidar que tal solución salió a relucir no con la lógica, sino con el pensamiento lateral. Es más, una vez se dé con la solución, muchos tendrán prisa por explicar cómo se podría haber llegado a ella con el pensamiento vertical. De manera retrospectiva, en efecto, resulta fácil seguir el camino consecuente que, a partir de los datos originales de un problema, conducen hasta su solución. La susodicha anécdota ilustra una situación en la cual el pensamiento divergente o lateral consigue reconstruir un campo, o sea, cambiar el esquema referencial (véase el esquema siguiente).

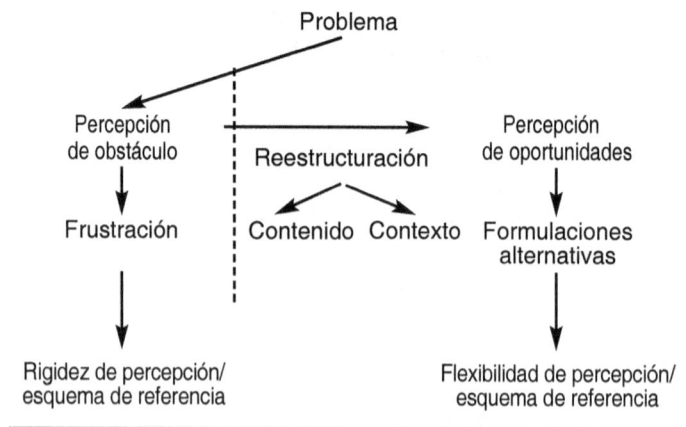

REESTRUCTURACIÓN = CAPACIDAD PARA CAMBIAR EL ESQUEMA DE REFERENCIAS

Flexible

Dispone de un filtro muy elástico, por lo que:
- tiende a ver las situaciones desde muchos ángulos;
- tiende a valorar situaciones y personas en función de los elementos disponibles;
- tiende a dar a los problemas más alternativas de solución;
- tiende a ver los obstáculos como oportunidades.

Rígido

Dispone de un filtro perceptivo muy vinculante, por lo que:
- tiende a considerar un único aspecto de las situaciones (positivo o negativo);
- tiende a valorar las situaciones y personas de una manera preconcebida de acuerdo con su filtro de percepción;
- tiende a dar una sola solución a los problemas;
- tiende a ver los obstáculos como vínculos.

LOS FRENOS A LA CREATIVIDAD

El pensamiento divergente puede verse inhibido o bloqueado por procesos que tienen que ver con la vida psicológica y social de la persona. En la práctica, tendemos más bien a fijarnos en cosas conocidas, familiares, en lugar de encontrar o probar cosas nuevas, extrañas.

Frenos de tipo emotivo:
- el temor a cometer un error o a pasar por una persona desequilibrada o diferente;
- miedo al riesgo de encontrarse en minoría;
- lanzarse de manera prematura ante la primera idea de solución que se presenta;

el temor y la desconfianza respecto a los superiores, compañeros y colaboradores;
la poca capacidad para relajarse;
la excesiva dependencia de la opinión de los demás;
el sentido del ridículo.

Frenos de tipo cultural:

el deseo de ser identificado con ciertos modelos sociales (¡fantasear es femenino!);
la tendencia al todo o nada o a la polarización;
la excesiva confianza en las estadísticas o en las experiencias pasadas;
la creencia que soñar e imaginar son comportamientos infantiles;
dar preferencia a factores prácticos y económicos por encima de que haya espacio para producir un suficiente número de ideas;
creer que fantasear es perder el tiempo.

Frenos de tipo perceptivo:

la incapacidad para plantearse preguntas más allá de lo que es evidente;
la incapacidad para distinguir entre causa y efecto;
la dificultad de distinguir entre hechos y problemas;
la imposibilidad de aplicar todos los sentidos que nos ponen en contacto con lo que nos rodea;
la dificultad de percibir relaciones insólitas entre ideas y objetos;
la convicción negativa «Yo no soy creativo».

Sustancialmente, estos frenos a la creatividad refuerzan la rigidez de los esquemas de referencia. De tal manera, la realidad parece fatal, no modificable, sin interés ni estímulo. Es la confirmación de la bondad de lo existente, del statu quo, la aceptación pasiva de la frustración. El ejercicio que viene a continuación ilustra la dificultad para salir de los esquemas preconcebidos.

Dibuje cuatro líneas rectas que toquen los nueves puntos, sin volver a pasar por encima del mismo punto ni levantar el bolígrafo del papel (solución en la página siguiente).

En resumen los sujetos creativos se caracterizan por su:

- apertura a experiencias;
- seguridad interior;
- capacidad para jugar con los conceptos.

Por lo tanto, la persona creativa:

- carece de rigidez preconcebida;
- vive como permeables las líneas que generalmente delimitan los conceptos, las hipótesis, las ideas;
- es independiente del juicio de otras personas, puesto que está abierta a informaciones procedentes del exterior, a pesar de ser capaz de ignorarlas;
- sabe recibir informaciones que se opongan a las suyas sin cerrarse en posiciones cristalizadas.

Otros aspectos que tienen que ver con la persona creativa son: fluidez, flexibilidad, elaboración, originalidad, curiosidad, coraje (riesgo calculado), imaginación, sentido del desafío.

Además, los procesos asociativos del pensamiento divergente son:

- contigüidad accidental o casual de los elementos, que se descubren asociables entre ellos. El caso crea la ocasión, la inteligencia la usa de manera productiva (se cree que el descubrimiento de la penicilina se debe a un proceso de este tipo);
- mecanismo de semejanza: en este caso la asociación se ve favorecida por el hecho de que los estímulos y las respuestas presentan algún elemento de semejanza no evidente desde un punto de vista superficial; la actividad creativa reside en el descubrimiento de las semejanzas y en la consecución de elementos supuestamente separados;
- mediación o proceso de construcción: consiste en la asociación de elementos distantes entre ellos a través de pasajes sucesivos, favorecidos por acontecimientos comunes presentes en cada uno de ellos.

El proceso de medición, típico de la inteligencia humana, desmonta la idea de que el proceso creativo se deba sólo a actos imprevistos, excepcionales o únicos que aparecen de repente.

LAS TÉCNICAS DE LA CREATIVIDAD

EL BRAINSTORMING

Se trata de un ejemplo típico de técnica estimuladora de la creatividad que aplican los grupos como agente multiplicador de nuevas ideas o soluciones.

SOLUCIÓN DEL TEST
DE LA PÁGINA ANTERIOR

Esta técnica la utilizó por primera vez en 1939 un estudioso americano, Alex Osborn, quien también desarrolló labores de consultoría industrial. Bajo nuestro punto de vista, y a pesar de su edad, el *brainstorming* es completamente actual si se emplea para obtener lo que puede ofrecer.

El instrumento en cuestión ha sido usado por quien escribe para varios fines, como por ejemplo:

- la elaboración de cuestionarios para sondear (dado el problema del campo de acción, con esta técnica se han producido las preguntas específicas del cuestionario);
- la búsqueda de causas relativas a problemas o anomalías de producción, partiendo de los efectos negativos encontrados;
- destinar a nuevos usos no trabajados del todo, que de otra manera deberían guionarse mediante productos obsoletos.

Como se puede ver, el empleo del *brainstorming* está reservado a la solución de problemas concretos.

Para definir mejor la cuestión, se puede decir que el *brainstorming* es una forma de reunión de pequeños grupos para producir nuevas ideas. El vocablo significa literalmente «tormenta de cerebros». En una reunión bien conducida, con una duración máxima de sesenta minutos, se exponen de media entre 150 y 200 ideas, un 15 % de las cuales son interesantes por su originalidad, realismo, capacidad para conducir problemas hasta soluciones eficaces realizables en poco tiempo.

Hay que saber que no se puede plantear un *brainstorming* en cuestiones complejas, sino en problemas simples que no puedan desembocar en otros problemas. Si el problema es complejo habrá que descomponerlo en partes más simples que deberán afrontarse por separado. La tarea del grupo ocupado en esta particular reunión será producir el mayor número posible de ideas ante un problema en particular; se privilegia la cantidad frente a la calidad. Además, el problema tiene que ser real y concreto y, sobre todo, los miembros del grupo tienen que tener muy claros sus términos o definiciones. Por ello, a la simplicidad del problema se añade la necesidad de la claridad de la exposición al grupo por parte del conductor de la reunión. Este deberá disponer de todos los elementos de información necesarios y suficientes. «La tormenta de cerebros» o «asalto de ideas», no obstante, no es más que una fase del proceso, compuesto por tres partes.

1. Preliminar: exposición de apertura que presenta el problema. Tiene que exponerla el conductor y no durar más de diez minutos. Al acabar la presentación, el animador resume el problema en una sola pregunta, preferiblemente clara.

2. Central o creativa: es la fase productiva del verdadero y propio *brainstorming*. Se trata de aquella en que hace su aparición el pensamiento lateral. Su duración, una hora como máximo.

3. Final: purga de las ideas expuestas (preventivamente anotadas), a partir de las cuales saldrán las que deberán considerarse. Es en este momento cuando hace su aparición el pensamiento vertical (lógico, racional), especialmente en lo que se refiere a la crítica y la capacidad para seleccionar y valorar. La elección de las ideas producidas puede durar algunas horas y es aconsejable, en todo momento, que esta fase sea ejecutada por expertos ajenos al grupo de *brainstorming*.

La fase central tiene tanta importancia como las otras dos, aunque, desde el punto de vista creativo, es la más interesante. A pesar de ello, es necesario que se repitan algunas condiciones para que esta dé frutos:

  hay que abolir cualquier crítica entre los participantes, del conductor hacia los participantes y de cada miembro hacia sí mismo (autocrítica), puesto que conduce a la inhibición;

hay que dar rienda suelta a la libre imaginación, aunque se puedan producir ideas que parezcan absurdas;

resulta útil que los miembros del grupo escuchen las ideas del resto, ya que a partir de estas pueden surgir otras;

se da más importancia a la cantidad que a la calidad de las ideas.

Lo principal en esta fase es que las personas se sientan seguras, condición que en la empresa, a veces, es difícil de llevar a cabo. De todos modos, la confianza en el resto del grupo también está relacionada con la seguridad interior procedente del trabajo atento del conductor (que no emite juicios), preparado para intervenir si algún miembro del grupo no está por la labor y empieza a comentar o, todavía peor, a ironizar sobre la idea de algún compañero.

Estas ideas, que saltan de un miembro a otro, ni se comentan ni se justifican, sólo se emiten, se pronuncian. Tras cierto periodo de prudencia al principio y los inevitables desfases producidos por una nueva manera de pensar diferente a la habitual, las ideas empiezan a llegar, a surgir, y, por lo general, con bastante originalidad y abundancia.

Este fenómeno, que podemos llamar eliminación de obstáculos, además de abrir una comunicación fluida y libre, genera confianza entre los participantes que eliminan cualquier desconfianza, puesto que alcanzan los objetivos prefijados. En dicha fase se genera una colaboración inconsciente que raramente se da en la competitividad y presión de un grupo. La habilidad del conductor radica en la utilización de tal liberación y en que la competitividad no se convierta en un inconveniente.

Al final de cada reunión de *brainstorming* se siente mucho cansancio, puesto que las personas se sienten «vaciadas» después de haber dado mucho de ellas mismas, situación muy parecida a la que se encuentran los estudiantes después de un examen superado con nota: contentos, además de relajados y con síntomas de fatiga.

LA SINÉCTICA

La sinéctica desarrollada por W. Gordon consiste en una metodología de grupo fundamentada en dos mecanismos psicológicos básicos: convertir en familiar lo que es extraño para mejorar la comprensión del problema y pasar a extraño lo que es familiar para encontrar una solución adecuada, tratando el problema desde una nueva perspectiva.

La sinéctica, o técnica de unión de elementos diferentes, se basa en la aplicación sistemática de analogías. El problema que se tiene que estudiar se somete a una analogía: se aleja el problema real para seguir las líneas de desarrollo de la analogía; se descodifica la analogía cruzándola con el problema. En sinéctica pueden aplicarse los siguientes tipos de analogías.

1. Analogía directa. El problema se relaciona con el mundo vegetal, mineral, animal, electrónico, mecánico, etc. De esta manera se asimila el problema a un campo de fenómenos conocidos.

2. Analogía simbólica. El problema se relaciona con el mundo de las imágenes, los símbolos, los mitos, las fábulas.

3. Analogía fantástica. Se hace viajar al grupo de participantes, instándoles a que ellos mismos se introduzcan en situaciones fantásticas con el fin de discutir sobre lo que hacen, ven y sienten.

4. Analogía personal. Identificación personal con el problema. Los miembros del grupo son invitados a identificarse con el objeto del problema. Tal identificación permite proyectarse sobre el problema alentando sus propios frenos psicológicos.

EL ANÁLISIS MORFOLÓGICO

Morfología significa estructura y, de hecho, el análisis morfológico intenta explicar las posibles alternativas que una matriz multidimensional puede producir.

Los pasajes de que se compone el análisis morfológico son:

- redefinición del problema;
- análisis del problema;
- construcción de la matriz (momento central del método);
- determinación de la prestación ideal.

Admitamos que tenemos que resolver el problema de un transporte ideal por la ciudad. Los parámetros de los que dependen las soluciones son cuatro: el tipo de vía, el uso, la tracción y la propiedad. Cada parámetro puede asumir un número determinado de formas que se combinan con las del resto de parámetros. Las posibles soluciones resultantes son 81 (3 × 3 × 3 × 3).

En el examen de cada celda del siguiente cuadro, también hay que entender si la idea que contiene satisface los criterios aceptables de acuerdo con los objetivos de la empresa.

Parámetros / Forma	Tipo de vía	Uso	Tracción	Propiedad
1	Vía	Individual	Manual	Pública
2	Calle	Colectivo	Mecánica	Privada
3	Aire	De grupo	Eléctrica	Alquilada

TÉCNICAS DE CREATIVIDAD

Técnica	Campo de aplicación
Análisis morfológico	Definición de problemas con vínculos financieros y tecnológicos
Brainstorming vínculos	Desarrollo de ideas en situaciones libres
Sinéctica	Soluciones de problemas técnicos muy estructurados con muchos vínculos
Pensamiento lateral	Desarrollo de habilidades creativas

LOS RECURSOS
DEL JEFE

Los principales recursos de un directivo son: las personas, el dinero, el espacio y el tiempo. Pero, seguramente, los recursos más críticos para la consecución de resultados, entendidos en su discrecionalidad, son:

- los trabajadores;

- el tiempo (el propio y el de los trabajadores).

Los otros recursos (espacio, financieros, tecnológicos, etc.) no siempre entran en la esfera de la discrecionalidad. Junto a los recursos humanos, el tiempo es seguramente el que menos se puede gestionar. El recurso del tiempo siempre será una estrategia para gestionar la complejidad de la vida laboral y social en un contexto ambiental donde, entre otras cosas, llegar el primero es una condición para tener éxito.

LAS 20 PRINCIPALES CAUSAS DE PÉRDIDA DE TIEMPO

1. Interrupciones telefónicas;
2. crisis directivas, cambio de prioridades;
3. falta de objetivos, prioridades, planes;
4. visitas ocasionales;
5. delegar ineficazmente;
6. demasiadas tareas a la vez;
7. reuniones;
8. falta de organización personal, escritorio desordenado;
9. incapacidad para decir no;
10. falta de autodisciplina;
11. inseguridad/indecisión;
12. personal no preparado/inadecuado;
13. informaciones incompletas/retrasos;
14. trabajo consuetudinario, burocrático;
15. trabajos abandonados sin concluir;
16. comunicaciones inexistentes, confusas;
17. personal insuficiente o excesivo;
18. responsabilidades, autoridad mal definida;
19. socialización;
20. falta de estándares, controles, informes de evolución.

El conjunto de estas causas denuncia de qué manera la gestión del tiempo es un problema típicamente directivo.

Las ideas más habituales sobre la gestión organizada del tiempo son:

En una organización, cada persona tiende a utilizar, para hacer una cosa, todo el tiempo del que dispone.

El tiempo dedicado a los problemas a menudo es inversamente proporcional a su importancia.

Planificar y organizar requiere tiempo, pero es la única manera de disponer de más tiempo.

Cualquier decisión o acción deja de serlo cuando se abandona la variable del tiempo para pasar a ser una intención.

El tiempo usado de manera intencionada o consciente genera resultados esperados, deseados, o sea, los objetivos.

Conseguir conducir la organización hacia una gestión diferente del tiempo significa adoptar, en cierta medida, una revolución cultural, cuya consecución conlleva efectos eficientes y eficaces.

Hay afirmaciones habituales que los directivos exponen para señalar las dificultades que tienen respecto al tiempo.

Si dices	Completa la frase
• No tengo tiempo para hacer X	puesto que considero más importante hacer Y.
• He perdido tiempo	haciendo X porque me he puesto a hacer Y.
• Si tuviera más tiempo	lo utilizaría para hacer (bien o mal) lo que ya estoy haciendo (bien o mal)
• Tengo que aprender a	o sea, tengo que aprender qué es más importante para mí en función del tiempo del que dispongo (tengo que gestionar mi propio tiempo).

Completar la frase indica el problema del uso adecuado o inadecuado del tiempo.

LA GESTIÓN INDIVIDUAL DEL TIEMPO

La gestión individual del tiempo indica principalmente dos cosas:

1. Conocer las modalidades personales en la gestión del propio tiempo, es decir, los puntos fuertes y débiles (véase el cuadro de la página siguiente).

2. Planificar y programar, o sea, gestionar para no ser gestionados.

LA PLANIFICACIÓN DEL TIEMPO

La actividad de planificación puede hacerse de dos maneras:

Quien planifica para sí mismo:
— reduce la inseguridad en el futuro;
— se puede preparar para afrontarlo;
— está menos expuesto al imprevisto.

Quien planifica para sí mismo y para los demás:
— asume un papel de guía;
— tranquiliza a quien no ve la globalidad;
— prepara los acontecimientos.

Naturalmente, todas las actividades planificadoras tendrán que prever cierta flexibilidad. Si hay que planificar el mismo día, no conviene planear más del 80 % del tiempo disponible, dejando el 20 % para imprevistos. Si lo que hay que planificar es toda una semana, la relación es 60/40 %, mientras que para periodos mensuales el tiempo a planificar mantiene una igualad del 50 %. Cada jornada, semana o mes de trabajo tie-

CÓMO USO EL TIEMPO

Mi tiempo	gestión según nivel de **dificultad**	primero hago/enseguida	→ lo que me es más fácil
		pospongo/hago más tarde	→ lo que me es más fácil
	gestión según nivel de **gusto**	primero hago/enseguida	→ lo que más me gusta
		pospongo/hago más tarde	→ lo más aburrido, menos estimulante
	gestión según nivel de **recursos**	primero hago/enseguida	→ lo que ya cuenta con todos los recursos
		pospongo/hago más tarde	→ lo que le falta recursos
	gestión según nivel **solicitante**	primero hago/enseguida	→ lo que requiere más de mi poder
		de pospongo/hago más tarde	→ lo que me pide quien tiene menos poder
El de los demás	gestión según nivel de **poder**	hago que se haga enseguida	→ lo que me va bien a mí/en aquel momento
		hago posponer	→ lo que él está haciendo/a él le vale

ne que organizarse según una prioridad y un esquema de repartición del tiempo programable a partir del sistema ABC.

Un instrumento fácil para fijar las prioridades es la parrilla de programación, donde una vez definidas las actividades, se establece el grado de importancia y de urgencia.

ANÁLISIS ABC

+	c actividad a realizar tras «a» o «b»	a actividad a realizar en este momento
URGENCIA	RECHAZAR	B actividad a programar
−		

−　　IMPORTANCIA　　+

Reparto según el valor de las actividades		
65 %	20 %	15 %
Actividades A	Actividades B	Actividades C
15 %	20 %	65 %
porcentaje de tiempo empleado		

Traspase el esquema de análisis ABC a su agenda y subdivida las actividades cotidianas en función de las modalidades indicadas en este.

Para la planificación de las jornadas es oportuno fijar las prioridades teniendo en cuenta el esquema ABC.

El análisis del uso del tiempo de la jornada nos conduce a una gestión eficaz (las cosas necesarias) y eficiente (en el momento adecuado). Las actividades más importantes para la consecución de los objetivos profesionales y personales (definidas como tipo A), valoradas en un 15 % del conjunto de actividades, en términos temporales, alcanzan un 65 % de los objetivos conseguidos. Por ello, se tratará de desarrollar tales actividades en los periodos de la jornada de mayor eficiencia psicofísica (véase la curva de eficiencia psicofísica de más abajo).

Las actividades de importancia media (definidas como tipo B) suponen un 20 % del total del tiempo y consiguen el mismo porcentaje de resultados. Las actividades menos importantes (definidas como tipo C) requieren un 65 % del tiempo para conseguir únicamente un 15 % de los objetivos. A menudo se corresponden con las que se pueden delegar, suprimir o reorganizar.

CURVA DE EFICIENCIA PSICOFÍSICA

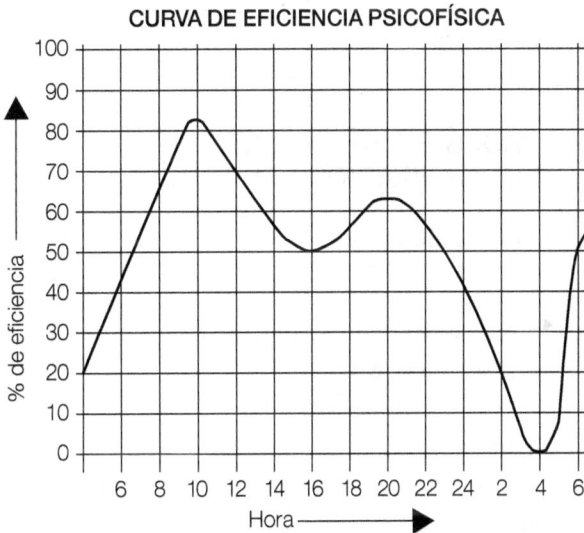

EL USO DEL TIEMPO

gestión eficaz	*gestión eficiente*
⬇	⬇
usar el tiempo de que se dispone en lo acertado	usar el tiempo necesario en el momento adecuado
⬇	⬇
aumentar la gestión según importancia	aumentar el uso del tiempo en la principal elección
⬇	⬇
disminuir la gestión según urgencia	disminuir interferencias, dispersiones
⬇	⬇
cómo planificar qué hacer	cómo organizar los recursos
en el tiempo	para usar el tiempo

MODALIDADES E INSTRUMENTOS PARA LA ORGANIZACIÓN DEL TIEMPO

Definición de los tiempos

Es necesario:
— establecer siempre duraciones estimadas y plazos;
— evitar programas genéricos.

Corporativizar

• Unir las actividades compatibles entre ellas por resultados, medios y recursos (por ejemplo visitas, viajes, tratamiento de temas parecidos en una reunión, etc.):

— se comprueban posibles homogeneidades;
— es necesario evitar repeticiones;
— tender a un uso múltiple de recursos.

Agenda de grupo

Agregar y unificar los tiempos de actividad común entre más personas:
— deben especificarse los espacios comunes: agendas únicas con tramos horarios;
— es necesario evitar peticiones extemporáneas de recursos.

Filtros

Establecer barreras contra las interferencias extemporáneas:
— se verifican motivaciones a través de llamadas telefónicas y visitas importantes;
— debe evitarse que el presente se convierta en importante para el uso del tiempo.

EJEMPLOS DE COMPORTAMIENTO OPERATIVO PARA EL USO DEL TIEMPO

Interponer filtros:
— a través de la secretaria;
— dando a conocer en qué horas se está disponible.

Gestionar las interrupciones telefónicas;
— anotar quién llama y después analizar;
— fijar un límite de tiempo inicial y respetarlo;
— tener un cronómetro con «X» minutos cerca del teléfono.

■ Estar atentos a la macro y microorganización:
— agrupar actividades similares por proceso mental, por informaciones necesarias;
— agrupar actividades por lugar de trabajo;
— instaurar un plan de trabajo (coordinación de las agendas individuales);
— instaurar procesos de dirección de proyectos a través de elementos de programación.

■ Gestionar visitas inoportunas:
— citarse en la oficina de otros;
— señalar con el comportamiento la no disponibilidad para la cortesía (por ejemplo, levantarse y quedarse de pie cuando entra la visita).

OBSTÁCULOS EN LA CORRECTA APLICACIÓN DEL TIEMPO

Problema:	imprevistos demasiado frecuentes
Posibles causas:	optimismo, falta de sentido de la realidad
Soluciones:	examinar los problemas potenciales, planificar
Problema:	indecisión
Posibles causas:	prudencia, dudas, falta de confianza
Soluciones:	preferir los hechos a los sentimientos, valorar los riesgos y decidir, analizar a fondo cada problema
Problema:	trabajos ejecutivos
Posibles causas:	necesidad de seguridad, costumbre
Soluciones:	preocuparse de los resultados, delegar, redefinir las funciones, organizar mejor, simplificar

Problema:	dirección en crisis a causa de continuas urgencias
Posibles causas:	estimación no realista del tiempo, ausencia de planificación, reticencia de los subordinados a darse cuenta
Soluciones:	menor optimismo en el cálculo del tiempo, aprender a tratar los errores sin menospreciar a las personas, programar encuentros para proceder con acciones concretas
Problema:	falta de prioridades
Posibles causas:	ausencia de objetivos y orientaciones
Soluciones:	anotar los objetivos, discutir las prioridades con los trabajadores
Problema:	falta de planificación
Posibles causas:	impaciencia por actuar, demasiado optimismo
Soluciones:	preocuparse más de los resultados que de la acción, anotar los casos en que la falta de planificación hace perder tiempo y concluir
Problema:	sobrecarga de trabajo
Posibles causas:	excesiva diversificación de los centros de interés, querer complacer, perfeccionismo
Soluciones:	dar prioridad a lo más importantes, decir no, prever los criterios de eficacia
Problema:	prisa
Posibles causas:	actividades para esquivar las cosas más importantes, ralentización de la actividad, de lo que hay que hacer
Soluciones:	distinguir lo urgente de lo importante, concentrarse en los objetivos

Problema:	contactos que presionan demasiado
Posibles causas:	política de puertas abiertas, necesidad de reconocimiento, deseo de complacer
Soluciones:	distinguir, encontrar fórmulas para frenar una reunión, dosificar, tener cuidado de uno mismo, osar, detenerse.
Problema:	delegación insuficiente
Posibles causas:	juicio negativo de los trabajadores
Soluciones:	permitirse a uno mismo tiempo para analizar los errores, formarse

LOS RECURSOS DEL JEFE

¡VAMOS, QUE EL TIEMPO ES DINERO!

REPRIMENDAS Y
ALABANZAS

DAR REPRIMENDAS

Entre las tareas más difíciles del directivo está la de criticar a los trabajadores por errores puntuales. A menudo surgen resistencias, frenos culturales y motivos que dificultan la comunicación. Se proyectan a los demás complejos de omnipotencia o de inferioridad, además de convicciones limitadoras, equivalencias complejas del tipo: «Quien critica se convierte en antipático». El primer paso para superar estas desagradables sensaciones consiste en no negar su existencia; hacerlo no sirve para nada ni a nadie.

En estos casos es conveniente conocer reglas que seguir para adoptar comportamientos congruentes en los que no se transmitan dobles mensajes. A través de las palabras se dicen unas cosas y con la voz, el tono y la expresión de la cara o la del cuerpo, otras completamente contrarias. «Los beneficios del departamento son inferiores a lo previsto», «Su descripción es poco comprensible», «No ha acabado un trabajo importante».

Cuando un jefe habla así a un trabajador, a menudo se limita a criticar errores cometidos, a atribuir culpabilidades en lugar de buscar las causas de lo sucedido para encontrar una solución, para pasar, como se dice familiarmente, de una «situación problemática» a una «situación deseada». Faltan objetivos claros y, en consecuencia, no se planifican estrategias eficaces. Falta esa tensión creativa que permite pasar de la situación real negativa a un resultado satisfactorio para todos.

La diferencia entre el éxito y el fracaso es la perseverancia. En el caso de errores no conviene perseverar para conseguir el éxito, sino para superar los obstáculos.

En la cultura de algunas empresas se persevera, en cambio, en dar reprimendas a los trabajadores que están fuera de su control. En dichos casos se crean círculos viciosos que refuerzan la coacción en la repetición de los mismos errores a través de la pasividad y la agresividad, como queda probado en los esquemas de estas páginas.

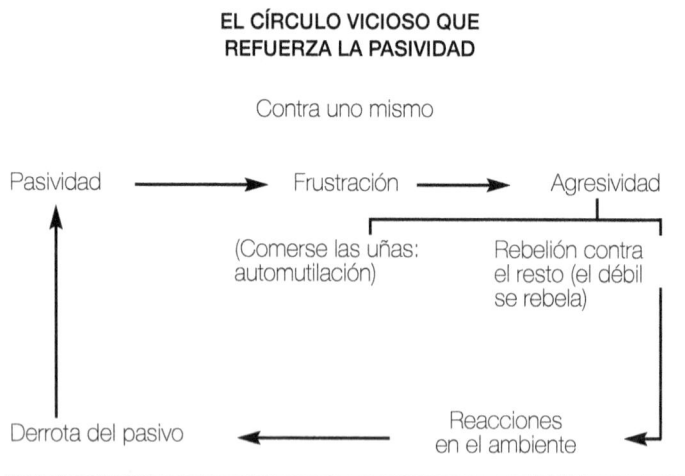

EL CÍRCULO VICIOSO QUE REFUERZA LA PASIVIDAD

Contra uno mismo

Pasividad ⟶ Frustración ⟶ Agresividad

(Comerse las uñas: automutilación)

Rebelión contra el resto (el débil se rebela)

Derrota del pasivo ⟵ Reacciones en el ambiente

EL CÍRCULO VICIOSO QUE
REFUERZA LA AGRESIVIDAD

Agresividad — Respuesta
del ambiente

Pasividad

Agresividad
en ambos
sentidos
(duelo)

Victoria del
agresivo

Derrota del
agresivo

Frustración

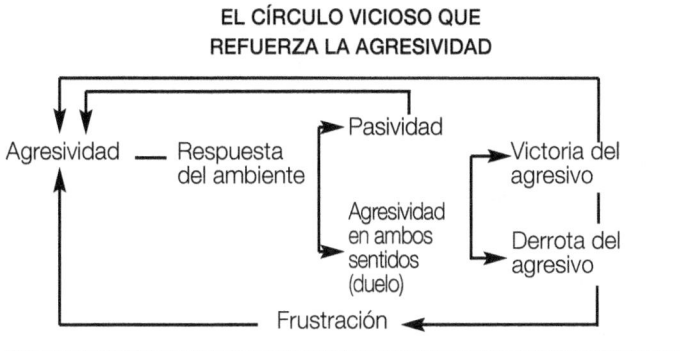

PENSAR ANTES DE CRITICAR

Cuando se nos critica equivocadamente se dan:

- reacciones de evasión: nos sentimos rechazados, inseguros, desanimados, deprimidos, frustrados, paralizados, impotentes, vencidos;
- reacciones de lucha que provocan una relación negativa con quien nos ha ofendido, bajo nuestro punto de vista, de manera injusta.

Se concretan en desahogos físicos (dar un puñetazo a la pared) o en somatizaciones (dolor en el estómago que no permite trabajar).

Por ello, la crítica tiene que ser motivada y constructiva.

He aquí algunos consejos para no herir los sentimientos de los demás.

- Respetar la intención positiva. Pocas personas actúan de manera premeditada con mala intención. Aunque si todo hubiera ido mal, nadie —casi nunca— lo habría hecho de manera voluntaria. Es necesario buscar la buena intención que en ciertas ocasiones no se ha traducido en positiva pero que, examinado el caso, es causa de un comportamiento incorrecto.

■ Encontrar los beneficios escondidos. En cada comportamiento, incluso en el más negativo, hay beneficios escondidos y ventajas secundarias que nos impiden aplicar estrategias que nos ayudan a cambiar de comportamiento. Para individualizarlos, realice preguntas del tipo: «¿Qué le impide cambiar de comportamiento en este momento?», o «Simulando que usted ya haya cambiado de comportamiento, ¿qué problemas podrían surgir?». Después de haber descubierto estos factores, ayude al trabajador para que construya nuevos comportamientos mejor adaptados a la situación que está viviendo.

■ Individualizar comportamientos asociados a costumbres que pertenecen al pasado. Por ejemplo, una empresa orientada a optimizar el tiempo para llevar a cabo tareas más específicas, como dicen los americanos *task oriented*, recibirá pedidos diferentes respecto a los de una empresa orientada, sobre todo, a mantener un clima empresarial relajado e informal, llamado *relationship oriented*. En tal caso, si un trabajador cambia de trabajo de una empresa *task oriented* a una *relationship oriented* deberá reestructurar su comportamiento con paciencia para acostumbrarse a una cultura empresarial diferente. Comportamientos alabados en la primera empresa, en la segunda podrían ser objeto de crítica.

■ Respetar los comportamientos asociados a la identidad del individuo. Cambiar de comportamiento es un proceso largo, complicado, doloroso y, a veces, incluso imposible si el modo de actuar forma parte de la identidad de la persona.

Por ejemplo, un colaborador tiene un gran defecto: no quiere delegar. Cuando se presenta cualquier dificultad, da un paso adelante y ejecuta el trabajo él mismo. Si le reprende, él rebatirá que, desde siempre, tanto en el trabajo como con su familia, «debe» hacer las cosas solo, puesto que de otra manera no tiene la conciencia tranquila. Probablemente, sólo una buena terapia psicoanalítica podría hacer que cambiara de idea. En tales casos, insistir, regañar, castigar, sirve de muy poco. Lo mejor es encontrarle un trabajo en el que su defecto se convierta en virtud. Por ejemplo, un trabajo difícil y de precisión, que no tenga que delegarse en otros. Seguramente, los resultados serán perfectos.

LA ESTRUCTURA LINGÜÍSTICA

Recuerde que, a veces, hiere más la palabra que la espada. Cuando hay que criticar a alguien es necesario poner gran atención en el uso de las palabras y de la estructura lingüística.

A menudo es más importante cómo se dicen las cosas que no lo que se dice.

«Cualquier comunicación se efectúa desde dos planos, el del contenido y el de la relación, y es este último el que define al primero».

Ello significa que si el plano de la relación está fuertemente deteriorado, no sirve para nada intentarlo mediante la fuerza de los contenidos lógicos y las reprimendas (plano del contenido). Por ello, es necesario que en primer lugar nos podamos entender desde el plano de la relación; resulta óptimo el uso de un lenguaje analógico abierto y conciliador, además del uso de palabras tranquilizadoras. Diga, por ejemplo: «Tengo la impresión de haberte ofendido y me sabe mal», y mientras habla, abra los brazos y acérquese a su interlocutor.

Los mensajes del «yo» —hablar en primera persona— son propios de quien quiere criticar de manera destructiva. Es aconsejable que el centro del discurso corresponda a la persona a la que se está dirigiendo. Piense en las ventas. Si tiene que vender cualquier cosa, ganará más si expone las ventajas que conseguirá la persona a partir de la oferta, que si insiste en las comisiones que obtendrá al vender ese producto. Por ejemplo, en lugar de decir: «Estoy convencido de que usted sólo es capaz de criticar», puede hacerlo de la siguiente manera: «Le pido que me diga aquello que no le gusta de este trabajo».

Acostúmbrese, de la misma manera, a distinguir entre la crítica personal y la profesional de una persona, de manera que el trabajador no se sienta atacado en lo personal y pueda aprender de sus comportamientos erróneos.

Durante el preámbulo, emplee formas lingüísticas que inciten a hablar, como por ejemplo: «A propósito de esto, dígame...», «Querría saber más sobre...», «Su punto de vista me interesa de una manera particular...», «Parece que se trate de algo que lleva muy adentro...». Este tipo de construcciones lingüísticas no apartan al trabajador de su manera de pensar y, además, le transmiten, de manera indirecta: «Tiene derecho a explicar lo que siente», «Quisiera saber realmente cuál es su opinión», «Considero que es una persona con sentimientos».

Evite generalizar: cuando reprenda, emplee ejemplos para describir el comportamiento erróneo y cuál es el que desearía. Haga preguntas claras y diga qué espera. Cuando hay conflictos se tiende —a menudo sin quererlo— a falsear, a malinterpretar lo que se ha criticado, dicho o pensado. A nadie le gusta que le critiquen, y es humano distorsionar o eliminar elementos para defender la imagen positiva que cada uno tiene de sí mismo.

Transforme cualquier motivación negativa en una motivación positiva. Recuerde que «motivar a alguien significa inducirlo a renunciar a un viejo modelo de comportamiento a favor de otro nuevo». Considere que el comportamiento equivocado del trabajador tiene su origen en sus motivaciones personales, suscitadas por sus propias necesidades; valore, más que las consecuencias negativas, las ventajas que puede extraer la empresa a partir su comportamiento correcto.

Permanezca atento a la manera que normalmente emplea para decir las cosas. A priori, ¿está predispuesto a una motivación positiva o negativa? ¿Dice normalmente: «Si no sale así, habrá que...», que suena a amenaza, o prefiere una estructura positiva como: «Se ha dado tal y tal condición, por lo que...»? Por poner un ejemplo: elija entre la forma negativa «Si no delegan las tareas rutinarias no podrán venir a la reunión que ha organizado el director general», o la positiva: «Si delegan los trabajos rutinarios, ¿podrán venir después a la reunión organizada por el director general?».

VENCER RESISTENCIAS CON EL LENGUAJE

Hay construcciones lingüísticas que ayudan a vencer las resistencias. Se trata de preguntas indirectas que actúan sobre el inconsciente. Se plantean iniciándolas con verbos como «preguntarse, plantearse, interesarse» y comportan una oración predicativa regida por el «si». Para ser breve, perciba usted mismo la diferencia en la elaboración de la respuesta a estas dos preguntas; la primera es directa (a) y la segunda, indirecta (b).

a) «¿Está preparada la documentación relativa a la última asamblea de socios?». La respuesta inmediata se construye a través de la lógica y si, por ejemplo, el documento no está preparado, el interlocutor tiene tiempo para buscar una excusa: «Me está dando usted tanto trabajo que no esperará realmente que ya esté listo».

b) «Me pregunto si está preparada la documentación relativa a la última asamblea de socios». Por lo general, al principio la persona busca con la mirada el documento y, a pesar de que no se haya hecho ninguna pregunta directa, tenderá a responder inmediatamente sin poner ninguna barrera si, por ejemplo, el documento no está preparado.

Otro sistema para hablar de manera persuasiva se fundamenta en la introducción del mensaje en una narración relativa a otra persona y en otro contexto. Para ejemplificar al máximo, intente decir durante una narración «...sí, y entonces él me ha dicho: —Tócate la nariz...» y cambie el tono cuando diga lo de la nariz, o sea, la orden camuflada. La conciencia del oyente lo percibe como una orden directa para cualquiera de las personas con las que habla, pero no para él. No obstante, el inconsciente, en profundidad, lo interpreta tan directo a él que comprobará que se toca la nariz.

Desde el punto de vista de la estructura lingüística que se encamina hacia la investigación transderivacional, esta tendencia tiene su explicación en la preferencia que tiene la escucha por cometer un error típico del inconsciente, o sea, responder a lo citado (como en la pregunta indirecta) como si fuera una metaobservación que se le hace.

SELECCIÓN DEL MOMENTO

Es fundamental seleccionar el momento adecuado para criticar o felicitar. Las personas tienden a cerrarse cuando están sometidas a estrés, por lo que no escuchan los mensajes que se les transmiten y estos pierden la eficacia para la que se pronuncian. Es preferible esperar si los trabajadores se sienten presionados. Si duda, pregunte: «Querría hablar con usted de... ¿Podemos hacerlo ahora o prefiere esperar?». Recuerde que es importante mantener el proceso de comunicación abierto: la buena comunicación se basa en un 100 % de colaboración.

La selección del momento más oportuno también depende de otros factores. Si el comportamiento que hay que criticar es un hecho aislado, una simple excepción que no se da de manera general, puede esperar para criticar. Si, en cambio, forma parte de un modelo, de un esquema de comportamiento repetitivo, afronte la situación lo más rápidamente posible.

Al fin y al cabo, recuerde que «quien nunca ha sido criticado, probablemente nunca haya hecho nada importante».

OBJETIVOS

Cuando critique, no se contente poniendo el acento en las carencias, exponga los objetivos que quiere alcanzar. Los objetivos tienen que ser:

- específicos, claramente formulados usando ejemplos concretos;
- analizables a través de las diferentes etapas para verificar progresos;
- estructurados en tiempos reales con planes de acción estudiadas y precisos, y poniendo atención a los límites reales en que se trabaja.

REUNIÓN DE REPRIMENDA Y REUNIÓN DE COMUNICACIÓN DE CASTIGO

Cuando se empieza una crítica y se está obligado a castigar es bueno seguir un esquema preciso parecido al que se expone en la siguiente página.

REUNIÓN DE REPRIMENDA

El objetivo evidente de una reunión de reprimenda por un error es evitar que se repita. La reprimenda se expresa:

■ Lo más pronto posible después del comportamiento negativo (al resultado incumplido, al trabajo mal hecho), de manera que se pueda fundamentar y enfatizar mediante datos y hechos observados por ambas partes.

■ A suficiente distancia para impedir que el tono emotivo, propio de la reacción inmediata al comportamiento negativo, supere los contenidos.

Es necesario:

■ Precisar los hechos (los resultados incumplidos).

■ Determinar una diagnosis de manera conjunta:
— el motivo por el que los resultados no se han producido;
— de qué ha dependido: circunstancias-errores del trabajador, errores del jefe.

■ Precisar las responsabilidades (en lo que dependa de la persona), no las culpas.

■ Confirmar que:
— los resultados son inaceptables;
— las personas conservan la confianza del jefe y de la organización.

■ Replantear objetivos.

■ Acordar un plan de acción.

REUNIÓN PARA LA COMUNICACIÓN DE UNA SANCIÓN

Un castigo siempre se comunica con dos fines: sancionar un demérito pasado y evitar la repetición futura del comportamiento sancionado.

Premisa: La reunión para sancionar se convoca cuando se quiere comunicar una sanción definitiva.

- No es un reproche.

- No es una instrucción o diagnosis (ya se ha hecho).

- No es una amenaza.

- Explicación de los comportamientos sancionados y las razones objetivas (por ejemplo, saltarse normas, consecuencias de su gestión) que fundamentan la sanción.

- Tipo de castigo asociado a los comportamientos que lo han provocado y razones de la sanción.

- Posibilidad, si realmente existe, de espacio para la recuperación-reducción de la sanción.

- Ulteriores consecuencias de la posible repetición de los comportamientos sancionados.

- Motivos que han conducido al sancionado a realizar tales comportamientos.

- Espacios concretos (del sancionado y del sancionador) para evitar la repetición del comportamiento en el futuro y eliminación de las causas.

FELICITACIONES

Si se critica a un trabajador cuando se equivoca y no se felicita cuando hace bien su trabajo, la desmotivación será inevitable. Cualquier proceso de aprendizaje que no esté acompañado de experiencias exitosas está destinado a fracasar. Los dirigentes que felicitan a sus trabajadores activan «refuerzos positivos del comportamiento». Como enseñan los textos de «análisis transaccional», es necesario concentrar la atención en las cualidades creativas del ser humano y no en las destructivas.

Felicitar no es difícil, no crea resistencias negativas. Por lo tanto, nos limitamos a exponer dos esquemas de reunión, el primero para una reunión de elogio y el segundo para comunicar un premio.

REUNIÓN DE FELICITACIÓN

Instar al trabajador a que mantenga, refuerce y, si es posible o necesario, desarrolle todavía más su comportamiento positivo respecto a los objetivos establecidos.

El elogio se expresa lo más rápidamente posible tras la comprobación del comportamiento deseado y, en particular, después de la consecución de los resultados de gestión alcanzados.

Enfatizar la felicitación —no dar por descontados situaciones o resultados dignos de elogio.

Relacionar los objetivos empresariales y del departamento con el comportamiento elogiado.

Reconocimiento de los esfuerzos del trabajador para la resolución de problemas operativos (y no las intervenciones propias, a pesar de que hayan existido).

Atribución del mérito al trabajador (y no a uno mismo).

Confirmar la confianza en las capacidades del trabajador y en la posibilidad de mantenimiento y desarrollo posterior de resultados.

Confirmar la existencia de una colaboración jefe-trabajador para afrontar los futuros problemas y la disponibilidad del jefe para dar apoyo al trabajador en situaciones difíciles.

REUNIÓN PARA LA COMUNICACIÓN DE UN PREMIO

Una reunión en la que se comunica un premio siempre tiene dos finalidades:

reconocer un mérito pasado;
reforzar los comportamientos premiados;

Premisa: Una comunicación de premio se lleva a cabo cuando el contenido del premio ya ha sido definido y decidido. No es, por lo tanto:

una felicitación, a pesar del énfasis;
una promesa de premios que hay que definir;
un balance para valorar o criticar;
un elogio indirecto al jefe que está al cargo del premiado.

Por ello, los contenidos son:

■ Cuál ha sido el proceso de análisis-valoración que han conducido a los comportamientos premiados (valoración de prestaciones, de posición, potencial).

■ Motivos concretos y específicos que han determinado el premio (resultados, comportamientos organizativos, nuevas responsabilidades, cualidades personales, etc.).

■ Cuál es el tipo de premio y motivos de atribución.

■ Cómo espera la organización (no condicionada por el premio) que se desarrollen los comportamientos premiados.

Felicidades

BIBLIOGRAFÍA

A.I.C.O.D., *l'imprenditore italiano e la delega,* Milán 1982.
BANDLER, R., J. GRINDER, *La ristrutturazione,* Roma, 1983.
BATESON, R., *Mente e natura,* Milán, 1991.
BERTONE, V., *Creatività aziendale,* Milán, 1993.
BIRKENBIHL, V. F., *l'arte d'intendersi,* Milán, 1991.
BLANCHARD, M., W. Oneken, y JR. H. BURROWS, *l'one minute managerinsegna a delegare,* Milán, 1990.
BOLDIZZONI, D. *(a cargo de), La motivazione al lavoro nelle aziende di servizi,* Milán, 1987.
BORONI, M., *Come realizzare l'innovazione rapida dei prodotti,* Milán, 1992.
BRENTANO, C. A., *Domine la técnica de hablar en público,* Editorial De Vecchi, Barcelona, 1991.
— *Hablar en público,* Editorial De Vecchi, Barcelona, 2004.
CALERO, H. H. y B. OSKAM, *l'arte del negoziato,* Milán, 1990.
CAWOOD, D., *Técnicas asertivas de dirección de personal,* Ediciones Deusto, Barcelona, 1987.
CARNEGIE, D., *Cómo hablar bien en público e influir en los hombres de negocios,* Edhasa, Barcelona, 1997.
CHOMSKY, N., *El conocimiento del lenguaje,* Ediciones Altaya, Barcelona, 1994.
COMARI, A. M., *Come farsi capire,* Milán, 1993.
COVEY, S. R., *Los 7 hábitos de la gente altamente efectiva : la revolución ética en la vida cotidiana y en la empresa,* Ediciones Paidós Ibérica, Barcelona, 1998.
DELAIRE, G., *Motivar y mandar,* Ediciones Deusto, Barcelona, 1993.
DILTS, R., J. GRINDER, R. BANDLER y J. DE LOZIER, *La programmazione neurolinguistica,* Roma, 1981.
FERRARI, R., *Come condurre una riunione e fare un discorso,* Milán, 1993.
HAGEMANN, G., *Eccellenza nella motivazione,* Milán, 1992.
JAOUI, H., *La creattività: istruzioni per l'uso,* Milán, 1991.
JENKS, J. M. Y J. M. JELLY, *Saper delegare,* Milán, 1987.
LABORDE, G. Z., *Fine tune your brain, Syntony Publishing,* Palo Alto, 1988.
LAKOFF, G. Y M. JOHNSON, *Metaphors we live by,* The University of Chicago Press, 1980.
MACCIOCCA, L. Y R. *Massimo, Essere manager,* Roma, 1990.
MASONI, V., *Guida alle reunioni di lavoro,* Milán, 1990.
MONK, R., *Ludwig Wittgenstein: el deber de un genio,* Editorial Anagrama, Barcelona, 2002.
PICCARDO, N., *Cómo conseguir el éxito profesional,* Editorial De Vecchi, Barcelona, 1997.
RICHARDSON, J., *The magic of rapport,* Meta Publications, 1987.
TACCONI, R., *Come creare la propria azienda,* Milán, 1992.
WATZLAWICK, P., J. H. BEAVIN y D. JACKSON, *Teoría de la comunicación humana,* Herder Editorial, Barcelona, 2002.